ちくま新書

金融化の世界史

——大衆

時代へ

玉木俊明
Tamaki Toshiaki

1610

金融化の世界史——大衆消費社会からＧＡＦＡの時代へ【目次】

はじめに

周知のように、現代社会では、人々の所得・富の格差はだんだんと拡大し、持てる者と持たざる者の格差は信じられないほど大きくなった。その状況は、具体的にはつぎのようにまとめられよう。

　世界には七三億人の人がいるが、もしそれを一〇〇人の村に縮めると、以下のようなことが生じる。

　世界のGDPは、二〇〇〇年には三三兆ドルであったが、二〇一五年には七三兆ドルになった。世界の富のうち、四九パーセントは一人の一番金持ちのところに、三九パーセントは九人の金持ちのところに、一一パーセントは四〇人のわりと豊かな人々のところに貯まり、五〇人の貧しい人々のもとにあるのは、たったの一パーセントである。

（池田香代子『世界がもし100人の村だったら　お金篇――たった1人の大金持ちと50人の貧しい村人たち』C・ダグラス・ラミス翻訳、マガジンハウス社、二〇一七年）

本書では、このような社会が誕生したのは、いったいなぜかということを考えてみたい。

第1章の「格差社会の誕生」では、本書の枠組みと、執筆のきっかけとなった書物との出会いを述べる。トマ・ピケティの『21世紀の資本』（山形浩生・守岡桜・森本正史訳、みすず書房、二〇一四年。原著は二〇一三年にフランス語で上梓）を読んだことがきっかけとなり、彼とは異なる視点から、格差社会の誕生について書きたいと思うようになった。したがって本書は、ピケティの立論を意識しながら書かれたものである。ピケティは、これまでの三世紀間の経済構造に基本的な変化はないという前提で論を立てる。それに対し筆者は、われわれが現在直面している格差社会を生み出した「新しいメカニズム」は何かを考える。

第2章のタイトルは、「消費社会から大衆消費社会へ」である。ここでは、所得格差が縮小する世界が描かれる。一八世紀のヨーロッパには、アジアの茶や新世界の砂糖、コーヒーなどの消費財が輸入されたため、ヨーロッパ人の生活水準は上昇し、産業革命が軌道に乗った一九世紀になると、イギリスから世界中に綿織物が輸出された。

二〇世紀には、まずアメリカが大衆消費社会になり、やがて世界の先進諸国もそれに倣《なら》った。大衆消費社会とは、耐久消費財を多く購入する社会である。多くの人々が耐久消費財を購入することで生活水準を上げ、所得水準が比較的高いミドルクラスが増え、社会は安定した。われわれが理想とする豊かで平等な社会が、この時代にかなり実現されるようになった。

第3章の「戦後世界の変化」では、大衆消費社会が完成し、格差が縮小したブレトンウッズ体制が崩壊したのちに、格差社会が誕生する様相が描かれる。

戦後世界を規定したブレトンウッズ体制は、アメリカの経済力の圧倒的強さを前提としていた。それが、一九七一年のニクソンショック（ドルの金兌換《だかん》停止）と固定相場制から変動相場制への移行（一九七三）、さらには二度にわたる石油危機によって終止符が打たれた。

ブレトンウッズ体制とは、大衆消費社会の上に築かれたものであった。したがってその崩壊は、大衆消費社会の終焉を意味した。それに取って代わったのが金融社会であり、これは大衆消費社会とは異なり、人々の所得と富の格差が著しくなる社会である。平等な社会から、格差社会へと社会構造が変化したのである。

ブレトンウッズ体制下で縮小した所得と富の格差は、ネオリベラリズムを基軸としたイギリスのサッチャーやアメリカのレーガンの政策により完全に崩壊し、それ以前とは反対に、拡大することになった。それを大きく助長したのがイギリスの金融ビッグバンに代表される金融の自由化であった。これにより世界の金融は一体化し、世界の経済活動に占める金融の比率が上昇していった。つまり、モノを中心とする社会から金融を中心とする社会への変化が起き、持てる者と持たざる者の格差はどんどん大きくなっていったのである。

第4章の「砂糖の王国からタックスヘイヴンへ――カリブ海域の変質」では、一八世紀には砂糖の供給地域であったカリブ海域が、現在ではタックスヘイヴン（租税回避地。課税額が著しく低いか、場合によってはない地域）になった理由が語られる。

カリブ海域は、他地域での甜菜《てんさい》の栽培もあり、砂糖の供給地域としての重要性を失っていった。彼らに残されたのが観光業であった。小さな島々が多いカリブ海では、製造業を発展させることは困難であった。とはいえ、彼らはその小ささを利用し、観光業以外にも、産業をつくりだした。ケイマン諸島やイギリス領ヴァージン諸島（BVI）は、ペーパーカンパニーを作り、タックスヘイヴンとして生まれ変わることに成功したのだ。

タックスヘイヴンにはイギリスと関係する地域が多い。それはイギリスが一九世紀後半から二〇世紀初頭にかけ、世界にまたがる金融帝国を形成したからである。そしてイギリスは、金融ビッグバンにより、明らかに金融帝国として復活したのだ。

第5章のタイトルは「金融化する社会」である。一九八〇年代から、OECD諸国はGDPに占める金融部門の比率を上昇させていった。銀行は、カネの貸し借り以外の部門にも手を出し、その業務を多様化していった。銀行業の中心は、手数料ビジネスへと変化した。なお本書では、GDPに占める金融業の比率が高い社会を、「金融社会」と呼ぶ。

ヨーロッパの巨大な銀行は、タックスヘイヴンを利用して巨額の利益を稼ぎ出している。本国での利益を最小限にし、タックスヘイヴンでの利益を増やせば、支払わなければならない税金は大きく低下する。世界中にタックスヘイヴンがあり、彼らはそれを利用して巨額の利益を獲得しているのだ。

アイルランドの経済成長は、安価な法人税にひきつけられて同国に進出した多国籍企業のおかげであり、ルクセンブルクは金融に特化してタックスヘイヴンとなることで、巨額の利益をえた。

アメリカは世界最大の金融国家であり、オフショア（国外）市場とオンショア（国内）

市場を結びつけることで、国内の金融市場を海外の金融市場に接合させている。それは、アメリカ経済の大きな強みになっている。

ＩＴ企業には無形資産（形のない資産。具体的には技術やノウハウ、人的資産など）が多く、株価が著しく高く、時価総額がきわめて大きいＧＡＦＡ（グーグル、アマゾン、フェイスブック、アップル）のような企業がある。デジタル経済は無形資産に依存し、一国に物理的な拠点を設けずに事業規模を拡大し、タックスヘイヴンを利用し、租税を可能な限り回避することもできるのだ。

第6章では、経済成長の指標として使用されているＧＤＰの信憑性に疑いを投げかける。本来、ＧＤＰには仲介機能である金融活動は入れるべきではないという主張がある。その主張によると、付加価値とは、金融部門を除いたＦＧＤＰ（最終的国内総生産）ですべきなのである。ＧＤＰの成長とは金融部門の肥大化にほかならず、現実には二〇世紀末から、二一世紀初頭に至るまで、経済は成長していないし、労働者の所得は増大していない。ごく一部の人々だけが急速に金持ちになったのであり、それは、金融化社会が所得の分配という点で非常に不平等な社会であることを示している。

以上、本書の内容を要約してみた。さらに要約するなら、世界の所得格差が縮まったのは大衆消費社会の形成が原因であり、大きく増大したのは金融社会が原因であった。本書は、大衆消費社会から金融社会への移行こそが、非常に不平等な社会の誕生の主要因だったと主張するものである。

そしてその種は、消費財の使用が広まっていった一九世紀末に、大英帝国が金融帝国になったことで撒《ま》かれていたのである。

モノを中心とした実体経済から金融を中心としたヴァーチャルな経済への転換によって、二〇世紀の間に増大したミドルクラスが減少し、こんにちの格差社会が生じた。したがって本書では、モノを中心とした経済から金融を中心とした経済への転換で、世界経済そのものがどう変化し、金融部門の肥大化が現代経済にどのような影響を及ぼしているのかということが論じられる。

第1章

格差社会の誕生

1　格差とピケティ

†格差をどうとらえるべきか

世界の所得・富の格差は大きく、しかも現在も拡大している。世界全体を見ても、国内だけを捉えても、所得・富の格差は広がっている。

だがそのような格差は、過去にはなかったものなのだろうか。

どう考えても、前近代社会の格差はきわめて大きかった。そもそも、多くの国々で、召使いが金持ちの家庭で働いていた。召使いと雇用者の所得・富の格差は、非常に大きかった。

したがって、単純に「今の社会では格差が拡大している」というだけでは、問題の本質を見逃してしまうことになりかねない。歴史的には、大きな所得・富の格差がある社会が常態なのである。

むしろ近現代に一時的に所得・富の格差が縮まったのが、また拡大しはじめたと考えるべきであろう。それが、ヨーロッパの近世経済史の一研究者としての率直な感想である。信頼のおける統計があまりない以上、明確な形で具体的なデータを出すことは難しいが、これは間違いない事実だといえよう。

とすれば、前近代社会で大きかった所得・富の格差が近現代になって縮小し、現代社会になってふたたび拡大しだしたのはなぜか、という疑問が出てくるであろう。本書は、その疑問に対する一つの解答を提示することを目的としている。

そのために、ここではまず、現在の格差社会と前近代の格差社会の相違点を明らかにしたい。前近代は身分制社会であり、身分によって所有する富が異なることが当然の前提であった。近代社会になると身分そのものがなくなり、誰でも金持ちになる可能性が出てきた。そのために、所得格差は縮小したと考えられる。

たしかに、身分社会のつぎに階級社会が誕生した。しかし、身分とは異なり、階級を上昇することはできた。階級社会が消滅すると、社会階層の上昇はより容易になった。

本書では、まず、所得が不平等化した社会はどのようなメカニズムのもとで生じた現象なのかを考えてみたい。この問題について論じるために、トマ・ピケティの『21世紀の資本』をとりあげたい。このベストセラーこそ、格差問題を人口に膾炙《かいしゃ》させたからである。

†トマ・ピケティとの出会い

筆者が初めてトマ・ピケティ（Thomas Piketty）の名を見たのは、ヨーロッパのどこかの空港の書店であった。その時は、『21世紀の資本』の英語版を見て、大変に分厚い本だという印象しかもたなかった。だが、その書物がヨーロッパのいくつかの空港の書店で販売されているということに気づいた。

空港には、必ず書店がある。そこで平積みになっている本は、たとえアカデミックなものであってもベストセラーであり、空港の書店で世界のビジネスパーソンが購入することで、ますます売れることになる。

トマ・ピケティの『21世紀の資本』は、そういう本であった。しかし、なにしろあまりに大部であり、筆者の専門分野の経済史とも関係なさそうなので（実際には大いに関係があったのだが）、英文で読もうとは思わなかった。

幸いなことに、二〇一四年にはみすず書房から邦訳が出た。早速それを購入して読んでみた。長年にわたりこの分野の研究をし、これほどの著作をものにしたピケティの才能に脱帽したものの、彼の意見に完全に一致することはできなかった。何とも言い難い違和感が残った。

本書は、その違和感を出発点とする。

『21世紀の資本』は、一言でまとめるなら、格差社会を扱った本である。現代社会では、一握りの富める人たちが世界の多くの富を所有している。そのような社会がどのようにして形成されたのかを、彼自分が作成した膨大な統計資料を使用して実証したのである。

ピケティによれば、「資本収益率（ｒ）が経済成長率（ｇ）よりも大きければ、富の集中が生じ、格差が拡大する。歴史的に見るとほぼ常にｒはｇより大きく、格差を縮小させる自然のメカニズムなどは存在しない」のである。これが、ピケティの議論でもっとも大切な前提条件である。

資本収益率とは、投下した資本に対してどれだけの利益を生んだかという指数である。投下資本から得られる利益率が高くなればなるほど、資本収益率は上昇する。一方、経済成長率とは、一般に、ＧＤＰの成長率をいう。ＧＤＰが増えれば増えるほど、経済成長率は高くなる。

ピケティの議論を端的に述べるなら、企業の収益はＧＤＰよりも大きく増加するので、企業が手にする富は労働者が稼ぐ賃金よりも多くなる。そのために、労働者の賃金よりも、資本家のもつ富は増え、格差はますます広がることになるのだ。

†拡大する格差

ピケティの分析の続きを見てみよう。アメリカでは、所得格差は一九五〇年から七〇年にかけてがもっとも小さくなり、所得階層のトップ十分位（トップ一〇パーセント）は国民所得の三〇〜三五パーセントを得ていた。だが、一九七〇年代になるとアメリカの所得格差は急上昇し、二〇〇〇年代になると、十分位の所得の割合は四五〜五〇パーセントにまで増えた。

二〇〇八年にリーマンショックがあっても、アメリカの格差拡大傾向は変わらなかった。それどころか、格差の拡大が金融危機を引き起こした可能性は高い。アメリカでは格差が拡大し、その結果、下層・中流階級の購買力は実質的に低下した。

アメリカでは、大企業の重役が自分の仕事の対価として、歴史的に見ても前例がないほどの報酬を得るようになった。彼らは、スーパー経営者と呼ばれ、各種インセンティブ報酬やボーナス、さらにはストック・オプションにより、巨額の所得を約束されている。

アメリカにおける所得格差の拡大は、主に分布の最上位に位置する人々、つまりトップ一パーセント、あるいはさらに上位のトップ〇・一パーセントに対する報酬の増加に起因する。スーパー経営者とは、主としてアングロサクソン（アメリカとイギリス）的な現象であるが、彼らの存在が、ここ数十年間の所得格差拡大の最大の要因である。そして、アメリカのトップ千分位（トップ〇・一パーセント）の所得のシェアは、ここ数十年間で二パーセントから一〇パーセント近くに上昇した。また、大陸ヨーロッパと日本を含むすべての富裕国で、一九九〇年から二〇一〇年にかけて平均的個人の購買力が停滞していたのに対し、上位〇・一パーセントの購買力は著しく上昇したのである。

しかし、それでもアメリカには及ばない。ヨーロッパと日本は、二〇世紀初頭には大きな不平等があった。アメリカはそれと比較すると格差は少なかったが、それが現在では逆転し、アメリカはきわめて不平等な社会になっている。

ヨーロッパ諸国では、トップ百分位の国民所得におけるシェアはかなり高かった。イギリスでは、第一次世界大戦直前には二二パーセントほどであったのが、一九七〇年代には六、七パーセント程度にまで低下し、二〇〇〇年代半ば以降は約一五パーセントである。もっとも富める一〇パーセントが失ったものを世襲中流階級（富の階層の四〇パーセントを占める）が得ており、もっとも貧しい人々には渡っていない。

アメリカにおいては、一九一〇年の所得（国民所得の）格差は、ヨーロッパよりはずっと小さい。とはいえ、それでもかなり大きく、トップ十分位は国民所得の約四〇パーセント、トップ百分位は一八パーセント程度を所有していた。アメリカの所得（国民所得の）格差は、一九三〇年から一九七〇年には縮小したものの、ヨーロッパの多くの国よりは大きかった。現在、アメリカはヨーロッパ諸国よりもはるかに不平等であり、二〇一〇年には、国民所得におけるトップ十分位のシェアは四五パーセントを超える。

実際、スーパーリッチな人々は増えている。一九八七年当時、地球上では、成人一億人あたり億万長者は五人だったのが、二〇一三年には三〇人になった。世界の成人人口のうちもっとも裕福な上位二〇〇〇万分の一を考えるなら、一九八〇年代後半には三〇億人中およそ一五〇人、二〇一三年には、四五億人中二二五人である。この集団の平均資産は、一九八七年の時点では一五億ドル超だったのが、二〇一三年にはおよそ一五〇億ドルに増加しており、インフレ率を除いた平均成長率は六・四パーセントになる。このように、富の集中度は高まっているのである。

以上、ピケティの議論を簡単にまとめてみた。先進国の経済は、二〇世紀前半には富や所得の分配が平等化していったが、一九八〇年代以降不平等化が進んでいき、その中核に位置するのがアメリカだというのが、ピケティの議論の中心になろう。これは、彼が引用するクズネッツへの批判にもなっている。ここではまず、ピケティの説を補強しながら論じてみたい。

ノーベル経済学賞をとったサイモン・クズネッツによれば、資本主義社会では、当初は不平等が広がるが、その差は縮小され不平等が是正される。これを、クズネッツカーブという。工業化が開始されたとき、それによって利益を得る人々は少数にすぎない。そのあとで工業化が進展した段階になると、人口のなかで経済成長の果実に参加できる比率がますます高まるので、格差は自動的に減る。

この考え方自体を、ピケティは否定するのである。それは、いわばたまたま発生した出来事にすぎないからだ。一九一四年から四五年にかけてが、世界的に不平等性が縮まった時代だったからである。その一つの理由に、累進課税の導入がある。

第二次世界大戦後の所得格差縮小の要因は、累進課税の導入と、歴史上類をみない経済成長の時代にあり、労働組合の力が強く、賃金が上昇しやすかったことだ。付け加えるなら（ピケティは言っていないが彼の議論から推測できることとして）、失業者がほとんどいない時代であるので、必然的に労働者の賃金を上昇させなければならなかった。そのため、賃金格差は縮まったのである。

その後、一九七三年の第一次石油危機と一九七八〜七九年の第二次石油危機のため、西欧の失業率が一〇パーセントを超えることが当たり前になると、労働者の力は弱くなった。そのため、たとえ労働組合の力が強かったとしても、労働者の賃金は以前よりも上げにくくなった。また仮に上昇させたとしても、インフレを招くだけの結果になる。このようなジレンマを解決するための思想として登場したのがネオリベラリズム（市場経済を重視し、国家による福祉・公共サーヴィスを縮小し、民営化を進め、規制緩和をし、小さな政府をめざす）であった。その代表的主唱者としてはイギリスのサッチャーとアメリカのレーガンがいる。

ネオリベラリズムでは、経済競争による無駄なコスト抑制がはかられる。そして自助努力と能力主義が重視され、有能な人間にはより多くの賃金を支払うのが当然視される。ここで問題なのは、現実には何を基準として「有能」だとするか判断が困難であることが多いにもかかわらず、それが簡単にできるとする前提であろう。

†世界経済の変化を取り入れない分析手法

ピケティの『21世紀の資本』は、一七〇〇年から二一世紀までを扱った書物である。そして、欧米の経済分析を中心とする。だが、そのわりには、経済構造の変化にあまり大きな注意を払っていない。

一七〇〇年には、ヨーロッパの輸出工業製品としては、毛織物しかなかった。一八世紀後半には産業革命により綿織物が機械で製造されるようになったが、現実にインドの綿織物よりイギリスの綿織物の生産量が大きくなるのは、一八三〇年代のことであった。さらに、一九世紀末には、ドイツとアメリカを中心に第二次産業革命がおこり、重化学工業が発展した。この間に、繊維の中心は動物性繊維から植物性繊維となり、そして化学繊維へと変化した。

産業革命時のイギリスでは、綿織物は軽工業であるため、工場をつくる時にも、あまり多額の資本は必要とはしなかった。しかし重化学工業企業の活動に必要な資金は多額になり、ビッグビジネス（大企業）が大きく増え、株式会社の数が増加した。

この間に、ヨーロッパの植民地は増大していった。一七〇〇年の時点では、まだインドはイギリスの植民地になってはいなかった。アメリカはイギリスの植民地であり、独立戦争は一七七五年に開始された。

一九世紀になると、アジア・アフリカの多くの地域が、欧米列強の植民地になった。アジア・アフリカ諸国は、ヨーロッパ宗主国への第一次産品（農作物や鉱物）供給地域となった。このような関係は、国際分業体制と呼ばれるが、それは第一次産品を本国に供給し、本国は工業製品をつくり、それを植民地に送り、植民地を完成品の市場とする体制を意味する。

この体制のために、植民地は工業化されなかった。そのため植民地は、ヨーロッパに第一次産品を輸出するほかなかった。植民地は、工業国にずっと第一次産品を輸出し続けなければならなかったのである。植民地は、モノカルチャー経済になってしまった。発展途上国の低開発は工業国である欧米によって開発されたのである。これは、「低開発の開発」といわれる。また、このような理論を、「従属理論」という。

通常、世界的な格差社会を考える場合には、ここに述べたような支配＝従属関係があったと考えられる。しかしピケティは、そのような国と国の間の支配＝従属関係については触れず、ほとんど一国内部の格差しか論じない。現在の世界では、富裕国の国内だけではなく、世界全体で格差が拡大している。だが、それがどのようなダイナミズムにより生じたのかということは、ピケティの分析手法では解明できない。彼には、支配＝従属関係という視点がほとんどないからである。

ある富裕国の内部で一部の人が所有する富が増え、国の富の多くをそれらの人が所有している。一方、その富裕国は世界的に見ればかなり豊かであり、おそらく世界で二〇～三〇のそのような富裕国が所有する富が、世界全体の相当部分を占める。そのために、発展途上国の富は増えない。格差の構造は、このように重層的なのである。

現在は、世界中に工場が建設され、欧米だけが工業国というわけではない。したがって、一九世紀に欧米列強がアジアやアフリカを収奪したのと同じシステムがこんにちでも存在しているとはいえない。しかし、このように富の偏在が世界で起きているということは、それとは別のシステムが機能していると考えるべきであろう。では一体、それはどういうシステムなのか。

2 イギリス——大衆消費社会から金融社会へ

†イギリスの綿織物輸出

イギリスは一八世紀後半に世界で初めて工業化に成功し、「最初の工業国家」になった。それは、インドの綿織物の輸入代替という形態で生じた。インドの手製の綿織物は、インドキャラコと呼ばれた。これは肌触りがよく比較的安価で、イギリスのみならずヨーロッパ諸国はこぞって輸入した。しかし、それに対抗して綿織物の大量生産に成功したのは、イギリスだけであった。それは、世界をどのように変えたのであろうか。

イギリスは、西アフリカからカリブ海の西インド諸島（のちには北米南部）に黒人奴隷を輸送し、彼らに綿花を栽培させ、それをイギリス本国に送り、綿織物にするというシステムを形成した。イギリスでは、綿織物生産は機械化された。そのため、インドより生産コストが低かった。

表1-1に示されている通り、イギリスからの綿製品輸出は、一九世紀に大幅に増加し

単位：1,000ポンド

	合計	ヨーロッパ	%	アジア・アフリカ	%	アメリカ・オーストラリア	%
1784-6	766	310	40.5	164	21.4	292	38.1
1795-6	3,392	761	22.4	199	5.9	2,432	71.7
1804-6	15,871	7,224	45.5	683	4.3	7,964	50.2
1814-6	18,742	11,386	60.8	346	1.8	7,010	37.4
1824-6	16,879	8,682	51.4	1,707	10.1	6,490	38.5
1834-6	22,398	10,612	47.4	4,056	18.1	7,630	34.1
1844-6	25,835	10,153	39.3	9,356	36.2	6,326	24.5
1854-6	34,908	10,264	29.4	13,831	39.6	10,814	31.0

表1－1　イギリスからの綿製品輸出額
出典：Ralph Davis, *The Industrial Revolution and British Overseas Trade*, Leicester, 1979, p.15. Table 3をもとに作成。

た。一八二四～二六年に少し停滞するが、全体としては、急激に上昇している。この時代全体を通して見ると、明らかに、アジア・アフリカ、アメリカ・オーストラリア向けの輸出の伸びが著しい。イギリスが、機械化によって綿織物輸出を著しく増加させたこと、「世界の工場」となったことをこの表から読み取ることができよう。これはまた、イギリスが大英帝国を形成し、世界中にイギリス船で綿製品を輸出したからこそ可能になったということである。

イギリスは世界各地に綿製品を輸出し、世界中の人々がイギリス製の綿織物を購入した。そして、そのためもあり、彼らの消費水準は上昇した。産業革命とは、世界の人々――むろん全員ではないが――が豊かになっていく過程だったといえるのである。

†イギリスのヘゲモニーの特徴

しかしイギリスは、一八七〇年頃から、工業生産高で他国に追いつかれはじめ、二〇世紀になると世界の工場としての地位を、ドイツやアメリカに譲った。しかしながら、イギリスは世界最大の海運国家であり、この二国の工業製品の一部はイギリス船で輸出されていた。

さらに、世界の多くの海運会社は、イギリスの保険会社ロイズで海上保険をかけ、ロイズは海上保険における再保険（保険をかけた会社が、リスクを減らすためにかける保険）の中心でもあった。再保険市場の利率は海上保険の利率をある程度決定した（以下、本項は玉木二〇一八cにもとづく）。

しかも、イギリスを中心として、世界に電信網が張り巡らされた。世界で敷設される電信のほとんどは、イギリス製であった。以前なら、アジアのある都市から振り出された手形は、何十日、あるいはそれ以上かけた後でロンドンで引き受けられた。しかし電信によって、数日間のうちにロンドンで引き受けられるようになった。

世界は、重要な情報をスピーディに送ることができ、しかも世界各地の取引は、イギリス製の電信を使いロンドンで決済された。その手数料収入が、イギリスに流入した。

一九世紀末には、イギリスは「世界の工場」ではなくなった。しかしもしイギリスが「世界の工場」のままであり、手数料による収入を大幅に増加させなかったのであれば、ヘゲモニー国家にはなれなかったであろう。

他国が工業化を発展させ、イギリスは、その工業製品の輸送の少なからぬ部分を担い、国際貿易の決済を担うことができたからこそ、すなわち、イギリスは、他国の工業化を利用したからこそ、ヘゲモニー国家になれたのである。

イギリスはたしかに世界最初の工業国家であった。だが、ここまで述べてきたように、イギリスがヘゲモニー国家となったのは、海運業と保険業に加え、国際貿易の決済がロンドンの金融市場を通じておこなわれるようになったからであり、それにより巨額の手数料収入を得ることができたからである。このシステムを、筆者は手数料資本主義と呼ぶ。

一八七〇年代までに世界の多くの地域が金本位制を採用したのは、金本位制の国であるイギリスが電信を使い、ロンドンが貿易決済の拠点になったために、他の国々も金本位制を採用せざるを得なかったからであろう。電信の発明により、イギリスは、世界金融の中心となったのである。

少し長く自説を展開したが、ピケティには、このような視点がない。彼の手法は一国史にとどまっており、各国、さらには各地域の関係性についての関心が薄い。イギリスが世界の工場から世界金融の中心となり、世界経済の成長とイギリス経済の成長がリンクするようになった世界があったとは思っていないであろう。

遅くとも二〇世紀に突入する頃には、ロンドンを中心とする金融システムが誕生していた。そのシステムは、あとの諸章で見るように、現代社会と大きく関係しているのである。イギリスの帝国主義がなければ、世界が密接に結びつけられることもなかったであろうし、現代のグローバリゼーションによる格差問題も生じなかったと思われる。イギリス帝国主義の負の遺産の一つが、現在の格差社会であった。

大衆消費社会と経済成長

ピケティの主張通り、クズネッツカーブは成り立たなくなっているかもしれない。しかし、現実にそれが成立した時期があったことを忘れてはならない。クズネッツカーブが誕生し、消滅した理由はどこにあるのだろうか。

その答えは、消費財、より正確には、耐久消費財の増加にある。人々が耐久消費財を購入するようになったことで大衆消費社会が誕生し、クズネックカーブが生まれたのである。一九二〇年代のアメリカでは、自動車、アイロン・洗濯機・冷蔵庫・ラジオなど家電製品が普及した。これらの耐久消費財を購入した人々がミドルクラスになったのである。多くの人々が耐久消費財を購入したため、人々の消費パターンは似たようなものになった。所得水準は上昇し、平等な社会が誕生し、社会が安定した。クズネッツカーブのように所得格差がなくなっていくのは、現実にはこのような状況があったからであろう。

一九五〇～六〇年代の日本の高度経済成長期には、三種の神器といわれた白黒テレビ・洗濯機・電気冷蔵庫、さらに新三種の神器といわれたカラーテレビ・クーラー・自動車が耐久消費財として購入され、日本人の生活の豊かさの上昇に貢献した。

比較的豊かな人々が増えると、その国は安定する。大衆消費社会では、安定した社会を維持することは比較的容易であった。社会は、非常に長期間にわたり、そのようにして成長してきたのである。経済成長とは、平等化の過程であった。それが現在では、経済成長と不平等化が同時に進行しているのである。

たしかに、一九世紀末から二〇世紀初頭にかけ、イギリスの金融業は進化していった。

だが、世界はまだ貧しく、一般の人々は、消費財が増えていくことによって自分たちが豊かになったと感じていたのだ。

時代を遡ると、一八世紀のヨーロッパでは、砂糖、コーヒー、紅茶などが流入した。その時、消費社会が誕生した。またイギリス産業革命の基軸産業は綿織物工業であった。一九世紀になると綿製品を、ヨーロッパ、さらには世界中の人々が購入した。さらに、第二次産業革命で化学繊維が世に出回った。そして第二次世界大戦後のヨーロッパでも、洗濯機、テレビ、自動車などが販売された。そのような商品（耐久消費財）を多くの人々が購入することで、世の中は平等になった。それがヨーロッパ諸国で所得格差が少なくなっていった大きな要因であり、これは一九二〇年代のアメリカと同じ現象であった。ヨーロッパは、そのようにして、大衆消費社会となったとみなすことができよう。

✝金融社会の形成

一九八〇年代になると、世界的に金融化が進んでいった。その中心となったのは、アメリカとイギリスである。すなわち、アングロサクソンが、この方面でイニシアティヴを握り、金融社会が誕生したのである。

イギリスには現在、これといった製造業はない。主要な自動車会社は、すべて外国資本の傘下に入ってしまった。一番活発なのは、金融業である。イギリスの金融街であるロンドンのシティが金融の売り上げで、イギリスのGDPの二〇～三〇パーセント、租税収入の約一〇パーセントを占めるという推計もある。金融こそ、イギリス人の得意分野といえよう。

二〇一三年の時点で、イギリスは、アメリカに次いで、世界第二位の直接投資国（直接投資は建物や工場への投資であり、間接投資は、公債や債券への投資である）である。イギリスの直接投資額は一兆八八五〇億ドルであり、それに対しアメリカの直接投資額は、四兆八五〇〇億ドルである。

イギリスの直接投資額は、アメリカのたった四〇パーセントでしかない。けれども、国民経済に占める比率という点では、イギリスのほうが多い。直接投資はロンドンの銀行を通じてなされたと推測されるので、ロンドンの金融街であるシティは、ニューヨークの金融街であるウォール街以上に、外国に開放されているといえよう。つまり、シティのほうが、より多くの比率の外国資本を受け入れているのである（この点については玉木二〇一九をみよ）。

しかも、タックスヘイヴンの代名詞ともいえるケイマン諸島、さらにイギリス領ヴァージン諸島（ＢＶＩ）は、イギリス王室の直轄領である。

さらに、ＯＥＣＤ租税委員会の調査によれば、世界のタックスヘイヴンリストの三五地域のうち、二二がイギリスに関係している。これは、大英帝国が世界中に植民地をもっていたことの遺産である。イギリスの金融のノウハウは、現代社会のマネーロンダリングに活かされているのである。

格差社会の存在は、このようなことを考慮しなければ説明できない。会社が支払うべき法人税を支払わず、富裕者が支払うべき所得税を支払わないなら、一般の人々が代わりに税を払うほかないからである。

†ＧＤＰの計算は正しいのか

金融社会の誕生によって、現代社会では、ＧＤＰに占める金融業の比率が高まっている。しかし、本当に金融業はＧＤＰの増加に貢献しているのだろうか。

誰であれ、現代社会が異様なまでに金融面が膨らみ、金融がいわば一人歩きするような世界であることを、否定することはできまい。だが、金融を単なる中間投入（生産の過程で原材料・燃料・間接費などとして投入された非耐久財及びサーヴィス）や税（手数料）とするなら、GDPに含めることはできない。つまりわれわれは、現実とはかけ離れた指標をもとに経済の現状について論じていることになる（この問題については、第6章で論じる。アッサ二〇二〇を参照）。

現実社会での問題は、仮に金融がわれわれの生活水準の上昇に直接は役立たないにしても、金融業はきわめて儲かるということである。だからこそ多くの人々がこの部門での労働を希望するのだ。われわれは、人々の生活水準を向上させることのない部門で優秀な人々が働き、巨額の富を獲得し、しかし社会は全体として豊かにはならない、というジレンマに直面している。富の増加が豊かな社会をもたらすわけではないということである。

ここから考えるなら、ピケティがいう格差社会の誕生は、金融社会の誕生と大きく関係しているといえよう。さらにいえば、大衆消費社会から金融社会への移行によって、格差社会が生まれたか、あるいは格差が拡大したと考えられるのである。しかしピケティは、そのようなことに言及していない。

さらにピケティは、GDPの計算方法が戦後に随分と変わったにもかかわらず（戦前のデータは、あとになって推計したものである）、同じ統計として扱う。したがって、GDPにおいて金融の比率が著しく拡大した時代とそれ以前の時代とを同様にとらえており、そのため彼の研究手法に筆者は疑問を感じるのである。

ピケティ自身はマルクス主義経済学者ではないが、彼の分析手法は、マルクスに通じるものが多い。そこでマルクス主義経済学の用語を用いて説明するならば、以前は工業によって労働者の搾取が生じたのが、現在では金融によって一般の人々が搾取されているということになる。それにピケティは気がついていないのである。

†富の集中

世界は、大衆消費社会から金融社会へと変化した。そのために、所得と富に大きな格差が生じてしまった。マルクスは、工場労働者が資本家によって搾取されていると考えたが、筆者は、金融社会こそ現代の格差社会誕生の大きな要因であったと主張したい。

その中心となるのは、英米というアングロサクソンの二国である。そのことは、この二国の歴史的背景を知らなければ理解できない。本書では、イギリスにより多くの紙幅を割くが、それは、世界の金融化が大英帝国の遺産だといえるからである。さらに金融社会の問題は、タックスへイヴンとも大きく関係し、世界の富は、ますます集中する傾向にある。

このように本書は、ピケティの説を活かしつつも、それとは違う角度から、この問題に取り組む。そして格差社会の誕生から形成に至る過程を分析する。

筆者の考えでは、格差社会は、資本収益率（r）が経済成長率（g）よりも大きく、富の集中が生じるために生じるわけではない。なぜなら。仮にr>gのために富の集積があるとしても、累進課税によって富の再分配をすることで、より平等な社会を創出することは可能だからである。さらに所得格差の縮小は、ピケティが言うようにたまたま生じたものではなく、大衆消費社会の誕生によって発生した。

むしろ、大衆消費社会から金融社会へと変化したことで、格差社会は誕生したと考えるべきではないだろうか。その理由については、次章以降で詳しく述べたい。

第2章

消費社会から大衆消費社会へ

1　消費社会の誕生

†はじめに

前近代の身分制社会が崩れていくと、人々は身分に関係なく、自由に消費することができるようになった。一八世紀になると、ヨーロッパでは、コーヒー、紅茶、砂糖などの消費財を海外から輸入し、消費水準を高めた。

二〇世紀になると、アメリカをはじめとして大衆消費社会が誕生し、一九八〇年あたりまでは、大衆消費社会が発展していった時代であったとみなすことができる。経済成長とは、消費財、とくに耐久消費財の購入が増えたことを意味した。

耐久消費財の代表として、自動車がある。自動車は、関連産業が多いだけではなく、消費の一形態であるレジャーのためにも使用される。モータリゼーションにより道路が整備されるなら、そのための労働者が必要になり、雇用がさらに創出される。しかも自動車は、後ほど出てくる「見せびらかしの消費」（Conspicuous Consumption）にとって、重要な商品である。自動車の使用は、アメリカであれ西欧であれ日本であれ、どんどんと増えていった。

大衆消費社会とは、多くの人々が耐久消費財を購入し、ミドルクラスの人々が増え、所得格差が縮小する時代であった。ここでは、そのような社会が生まれていく過程を見ていきたい。

†消費は美徳へ

ところで、人は何のために働くのであろうか。

それに対するもっとも単純な答えは、「生きるため」である。だが、もし単に生きるためだけであれば、現在の生活水準を維持すればよい。したがってこの考え方からは、大衆消費社会は生まれようがない。

人がなぜどのようにして勤勉になったかということについては、大きく分けて二つの考え方がある。一つはマックス・ヴェーバーがいったように、人々は禁欲し、勤勉な生活になったという主張である。もう一つはヴェーバーの論敵であるヴェルナー・ゾンバルトが主張したように、欲望の解放である。すなわち、人々は贅沢な暮らしをするために働くというのである。

日本では、ヴェーバーの影響力が強かったため、禁欲的な勤勉性が現代の資本主義を生んだという主張がまだ多数派のように思われるが、この論の大きな問題点は、人々が禁欲したなら、商品は必需品を除いて購入せず、結果的に経済は成長しないという点にある。したがって、ヴェーバーではなくゾンバルトの意見こそが正しいといえる（ゾンバルト二〇〇〇）。欲望の解放こそが、経済発展の原動力なのである。

現代の人々は、生活水準を上昇させるために働いている。それは賃金の上昇、さらに究極的にはGDPという形態で具体化される。

第二次世界大戦後の先進国は、本書で再三述べているように、大衆消費社会と呼ばれるようになった。「大衆」という語が使われているのは、それ以前に、大衆が参加しているとはいえない消費社会が誕生していたからである。歴史は、消費社会から大衆消費社会へと移行した。正確には、耐久消費財が大量に消費される社会が誕生した。

そもそも、前近代社会は身分制社会であり、人々が何を購入できるかということは身分によって異なっていた。高貴な生まれの人なら着ることができる服は、低い身分の人であれば着ることができなかった。しかし、身分制社会の消滅によってそのような障壁はなくなり、高価な服を購入できるだけの金があれば、その服を購入することができるようになった。

また、多くの社会で、奢侈《しゃし》は悪徳だと思われており、倹約こそが人間のなすべきことだとされていた。だが、そのような態度も、だんだんと変わっていった。一七世紀から二〇世紀にかけ、消費という用語の意味合いは変わっていき、消費は浪費や破壊的行為ではなく、積極的で創造的なものだと考えられるようになったのである。一七世紀後半から、商品とサーヴィスを購入するなら、個々人の欲望が満たされ、さらにその過程で、生産者と投資家のための市場を拡大するという考えが確認されたばかりか、称揚された。奢侈という個人の悪徳が、他の人々には富をもたらす可能性があると認識されだしたのだ。

右に述べた関係が現実に存在するということが、やがて強い確信に変わっていった。たとえばアダム・スミスでさえ、『国富論』のなかで、「消費はすべての生産の唯一の結果であり目的である」と言っているのである。

消費は、明らかに増大していった。たとえば女性の上着のそでは、六インチ広くなった。このような変化は何も上流階級の女性にだけ見られたものではなく、一般の女性にも見られた。これは、経済学者ヴェブレンが述べた「見せびらかしの消費」の事例である。ヴェブレンによれば、人々は自分が他の人たちよりも裕福であると見せびらかしたいために、商品を購入し、経済は、そのために成長する（ヴェブレン二〇一六）。

身分制社会がなくなって、このようなことが可能になった。すなわち人々は、より豊かな人々の真似をして、彼らの生活水準に追いつくために熱心に働いたのだ。

†大航海時代の影響

ヨーロッパの消費社会誕生のきっかけは、大航海時代にあった。この時代、ヨーロッパ人は、世界のあちこちに出かけていった。そして、それまでヨーロッパには知られていなかった商品を輸入するようになった。

一八世紀になると、アジアからは香辛料ではなく茶が輸入される。そして新世界からは、砂糖、コーヒー、ココア、ジャガイモ、トマトなどが輸入された。砂糖とコーヒーは元来旧世界の産物であったが、新世界で大量に栽培してヨーロッパに輸入することが可能になったのである。

消費社会の拡大を推し進めたのは、先ほども少し触れたインドから輸入される綿織物であった。インドから輸入される綿製品であるキャラコは、ヨーロッパの多くの人々が欲する商品であった。インド綿は手織りであり、小さな村がその村でしか生産されない製品の生産に特化していた。それは比較的安価で、肌触りが良い綿製品であった。ヨーロッパ人は、長い時間をかけ、インド綿という商品に慣れていった。そのためヨーロッパには、綿製品に対するニーズが生まれたのである。

また新世界から輸入されたジャガイモは、とくにヨーロッパ人の貧民に供給され、彼らの生活水準を向上させることになった。一八四五年にはアイルランドでジャガイモが不作になり飢饉が発生した。一〇〇万人以上の餓死者が出て、アイルランド人は生き延びるために、アメリカ、カナダ、オーストラリアなどに移住した。だがもしジャガイモがなかったなら、これほどの餓死者を出すほどには人口は増えなかったはずなのである。

†イギリス産業革命（第一次産業革命）

綿織物の生産に必要なことは、綿花の栽培である。西インド諸島、のちには北米大陸南部で綿花は栽培され、それがイギリスに送られ、綿織物となり、一八世紀後半に産業革命を発生させることになったことはよく知られている。これは、第一次産業革命とも呼ばれる。イギリスの綿織物は、手織りのインド綿とは異なり、機械で生産された。そのため生

単位：100万ポンド

1697-99	1.1
1700-09	1.1
1710-19	1.3
1720-29	1.5
1730-39	1.7
1740-49	2.1
1750-59	2.8
1760-69	3.5
1770-79	4.8
1780-89	15.5
1790-99	28.6
1800-09	59.6
1810-19	93.4
1820-29	166.5
1830-39	320.7
1840-49	526.3

表2-1　イギリスの原綿消費量（1697-1849年）

出典：Stephen Broadberry and Bishnupriya Gupta "Cotton Textiles and the Great Divergence: Lancashire, India and Shifting Competitive Advantage, 1600-1850", Centre for Economic Policy Research, Discussion Paper No. 5183 August 2005, p.35.

単位：1,000ポンド

1697-99	16
1700-09	13
1710-19	8
1720-29	16
1730-39	14
1740-49	11
1750-59	86
1760-69	227
1770-79	246
1780-89	756
1790-99	2,626
1800-09	8,352
1810-19	18,845
1820-29	29,830
1830-39	51,605
1840-49	86,947

表2-2　イギリスからの綿織物輸出額　※1967年の固定価格（公定価格1,000ポンド）で計算。

出典：Ibid.

産コストは非常に低く、イギリスの綿織物は世界中で消費された（Riello, 2015）。

表2-1に従ってイギリスの原綿消費量を見るなら、消費量が急激に増大するのは、一九世紀のことであった。イギリスの家庭は、大量に供給される綿織物によって豊かになっていったと推測される。

イギリスの家庭で、非常に多くの綿製品が使用されたことは間違いない。綿織物の利点は、毛織物に比べて安く、鮮やかな色の模様や文字をプリントすることができ、さらに洗濯が容易であったことである。綿織物が普及したため、イギリス人の生活は急速に清潔になり、それは平均寿命の伸長の要因の一つと考えられる。

表2-2に示されているように、一九世紀になると、イギリス製の綿織物の輸出額は急速に増える。それが、アフリカやアジアの植民地は別として、世界の人々の生活水準の向上、さらには平均寿命の伸びの要因の一つとなった。世界の消費水準は、イギリスによって上昇したと考えられるのである。

†第二次産業革命——化学繊維の登場

第一次産業革命の基軸となったのは綿織物工業であったが、第二次産業革命の中核であったのは、鉄鋼業や化学工業などの重化学工業であった。重化学工業は綿工業よりもはるかに資本が必要であり、そのため株式会社が多数出現した。第二次産業革命の中心国は、ドイツとアメリカであった。

第一次産業革命では、科学的研究ではなく実際の経験にもとづいて綿製品が製造されたのに対し、第二次産業革命においては、より科学的な手法が導入され、高等教育を受けた労働者が増加した。経験主義から科学的手法へという変化が見られたのである。

繊維に着色するプリント（捺染）技術にも、合成染料が導入された。産業革命のときのイギリス綿織物への着色は、藍やコチニールなどの植物や虫を原料として使用していたが、第二次産業革命期のドイツでは、合成染料で化学的に繊維に着色した。

イギリスは、世界中に植民地をもつ大帝国を有していた。捺染のための染料は、植民地から輸入することができた。一方、植民地をあまりもたないドイツでは、イギリスと同じようなことはできなかったため、かえって科学的手法の導入に成功したのである。

合成染料について詳しく見てみよう。発明者はイギリス人のウィリアム・ヘンリ・パーキンであり、一八五七年のことであった。しかし、イギリスはやがてドイツに遅れをとるようになった。イギリスの大学は人文主義的な色彩が強く、科学教育を重視したドイツとの差が大きくなっていったのだ。

一九一三年には、高価格の化学染料の生産がドイツは一三万七〇〇〇トンであったのに対し、イギリスでは五〇〇〇トンであった。国民一人あたりに換算するなら、一九対一という大きな差になった。合成染料において、この時点で、ドイツの世界市場でのシェアはおよそ八五パーセントに達していた。ドイツの化学工業は、有機化合物に関しては、支配的な地位につくことになったのだ（Murmann, 2002）。

輸出国	1899	1913	1929	1937
イギリス	19.6	20.0	17.5	16.0
フランス	13.1	13.1	13.5	9.9
ドイツ	35.0	40.2	30.9	31.6
他の西欧諸国	13.1	13.1	15.3	19.4
アメリカ	14.2	11.2	18.1	16.9
日本	0.4	1.0	1.8	3.0
その他	4.2	0.3	0.4	0.3

表2-3　化学製品の輸出（%）
出典：Johann Peter Murmann, "Chemical Industries after 1850", *Oxford Encyclopedia of Economic History*, May 17, 2002, p.7をもとに作成。

さらに、表2-3は化学製品の輸出国を示す。ここからも、ドイツが圧倒的に優位な地位を占めていたことが理解されよう。そしてドイツは、化学繊維と合成染料を用いて、繊維製品の価格を低下させていたと考えられる。

綿織物が支配的となる以前のイギリスの主要な繊維生産物は、毛織物であった。その繊維は、いうまでもなく動物繊維である。繊維生産の中心は、動物繊維→植物繊維→化学繊維へと変化したのである。

まずここで強調すべきは、動物繊維と植物繊維、さらに化学繊維の大きな違いである。たとえば、動物繊維を一ポンド製造しようとすれば、同じ重量の植物繊維を生産するのに必要なエネルギーをはるかに超えたエネルギーの投入量が必要である。羊毛は、一単位の繊維を生産するために、綿よりもおよそ一二倍の土地を必要とした。このような条件において、ヨーロッパに、増大する人々に衣服を供給するために、エネルギー集約性が高い(エネルギーを大量に使用する)繊維(羊毛)から、蒸気によって織られそれが低い繊維(綿)への転換があったという事実は、非常に重要なことであった。

第一次産業革命と第二次産業革命の二つを一つの連続した産業革命ととらえるなら、産業革命とは、有機的経済(木・風・畜力にもとづく)から無機的経済(石炭と蒸気にもとづく)へというエネルギーシステムの転換であったということができる。ヨーロッパの人口が拡大したので、人々に食料を供給し、衣類を着せるための資源を発見しなければならなかったからである。

毛織物生産は高コストであり、土地をふんだんに使ったので、世界の市場に応じるには不適切な高価な商品であった。それに対し綿は、生産コストはより低く生産量は多いので、グローバルな貿易に対する潜在力ははかり知れないほど大きかった。

しかも綿花は、ヨーロッパに他地域から輸入された。そのため、イギリスで穀物を栽培していた農地を綿花生産へと転換する必要性がなかった。穀物生産を犠牲にして、綿織物生産を増大しなければならないということではなかったのである（イギリスの気候を考えると、そもそも不可能であったが）。これは、イギリスがいくつもの植民地をもっていたからこそ可能なことであった。

ドイツで発達した化学繊維は、土地に依存する傾向をますます少なくした生産のために農地はまったく必要なくなり、そのため、人々は農業ではなく他の産業で労働することができるようになった。そして、彼らは稼いだお金で、化学繊維を購入するようになったのである。

綿織物、さらには化学繊維の発展はまた、市場の発展と大きく連動している。化学繊維や綿繊維が普及する前、ヨーロッパの農村では亜麻、麻、リネン（亜麻布）などが生産されており、それは「農村工業」と呼ばれる。しかし、現実には農村「副業」といったほうがよい場合も多く、農民が、農業をしながらこれらを生産したのであり、それは必ずしも市場での取引を考えたものではなかった。

しかし、綿製品は明らかに市場での販売を意図した商品であった。そしてその傾向は、化学繊維になってより強くなった。動物繊維よりも植物繊維のほうが、さらには植物繊維より化学繊維のほうが市場での取引を前提とした商品であり、人々の消費水準が市場を通じて高まることになっていたのである。

†消費の拡大とその影響

一九世紀後半の帝国主義時代の政治経済の中心はイギリスであった。イギリスは圧倒的な経済力を背景に自由貿易政策を推進し、世界の市場が統一されることに貢献した。またイギリスは世界各地に鉄道を敷設し、世界の海運業を支配した。ただし、ドイツ、フランス、アメリカ、さらに日本もそれぞれ、自国の海運会社を発展させた。

遠洋航海で使用される船舶は帆船から汽船へと変化し、そのため輸送コストは大きく低下し、輸送日数が劇的に短縮された。また、イギリスからオーストラリアまでの定期航路もできた。このような長距離航海で定期航路をつくるには、途中あまり他の港に立ち寄ることなく、目的港まで一定の期間で、予定通りに航海する必要がある。蒸気船の発展により、イギリスはそれを実現できたのである（玉木二〇一九）。

冷却技術と缶詰にする技術が発達したため、たとえば、アルゼンチンのステーキ用の肉やカナダのサーモンを、ヨーロッパ人の食卓で見かけることも出てきた。一八九九年には、イギリス人労働者の購買力は、五〇年前の二倍ほどに上昇した。また、南北アメリカでは人口が希少であり、賃金はヨーロッパと比較して高かった。そのためヨーロッパ人のなかには、新世界に移住したり、出稼ぎする人たちが出てきた。その結果、南北アメリカの労働者不足は解消され、ヨーロッパ人の賃金と生活水準は上昇したのである。

人々はより多く消費する生活に慣れ、消費に対するメンタリティが変化していった。前近代社会では、経済成長があっても、それはやがて天井にぶつかり、成長率は低下するということが、当然の前提になっていた。経済学で持続的経済成長という用語があり、これは経済成長がずっと続くということを意味するが、それが実現したのは、西欧の多くの国にとっては、一九世紀後半のことと考えられる。西欧では、多くの人々が日常品を市場で購入するようになってきたからである。

消費水準の上昇をめぐる経済単位として、ここでは「家計」の重要性に注目してみよう。家計は、一七世紀のフランスとイギリスで最初に研究された。一九世紀中頃から、家計は国際的な社会調査をするために非常に重要な単位になった。なお、所得が低いと家計の出費に占める食費の比率が高くなるというエンゲル係数が考案された背景には、次のような事実があった。

一八五七年、エンゲルは非常に重要な研究成果を公表した。ドイツのザクセンの中流階級の家計では、家計支出の八五パーセントを食費、衣料費、住宅、光熱費にあてていたのに対し、貧しい階級においては、その比率が九五パーセントにのぼった。これがすなわち、エンゲル係数の発見である。ここに、消費形態と貧富の関係を、印象論ではなく具体的統計にもとづいて立証しようという精神が誕生したといえるだろう。

一九三〇年には、家計がボストン、ボンベイ、上海、ローマ、サンクトペテルブルクなどの都市の比較をするための単位として用いられるようになっていた。貧しい家計ほど所得に占める割合が高いというエンゲル係数は、これらの都市にもあてはまった（Trentmann, 2016）。

†グローバル化と消費社会

イギリスは、自由貿易政策をとった。そのため、熱帯植民地を含めて、すべての生産者は、グローバルな需要に応じ、植民地の産品は、より多くの地域に輸送されるようになった。一八八〇年代には、カリブ海に位置するイギリス領ジャマイカの最大の砂糖市場は、イギリスのロンドンやリヴァプールではなく、アメリカのシカゴとボストンであった。オランダの植民地にジャワ島があったが、この島から輸出されるココアの大半は、アメリカ人が消費した。自由主義経済では、植民地は、必ずしも宗主国に産品を輸出するというわけではなかった。そのため、植民地をあまりもたないドイツが、諸外国の植民地から産品を輸入したのである（以下、本項はTrentmann, 2016にもとづく）。

オランダ人は世界で一番コーヒーを飲む人々であった。だが、コーヒーの産出国としてもっとも重要なのはブラジルであった。一九一三年の世界のコーヒー消費量を見ると、一年間の一人当たりコーヒー消費量を上位から並べると、オランダ人、デンマーク人、スウェーデン人、キューバ人、アメリカ人、フランス人、ドイツ人となり、コーヒーに関しては、明らかに植民地と宗主国のあいだに経済的関係は見出せない。

さらに、伝統的に茶を愛好していた日本人のあいだにも、コーヒーを飲む人の割合は増えていった。グローバリゼーションにより世界の人々の消費は多様になり、世界のさまざまな地域で似た食品が見られるようになった。この時代にすでに、現代社会に見られるようなサプライチェーン（製品の原材料・部品の調達から、製造、在庫管理、配送、販売、消費までの全体の一連の流れ）に似たものが存在したのだ。違っていたのは、それが工業製品ではなく、植民地で栽培される産品であったという点である。

穀物もまた、遠い地域から輸入されるようになった。一八三〇年代に、ロンドンの小麦は、三九〇〇キロメートルほど離れた地域から輸入されていた。しかし一八七〇年代になると、その距離はおよそ二倍になった。また一八三〇年には、ロンドンの人々が食するバター、チーズ、卵は、数百キロメートル離れた地域から輸入していたが、一八七〇年には、その距離は二〇〇〇キロメートルを超えるようになった。

コーヒーや茶、さらにはココアなどが欧米で大量に消費されるようになると、生産地が遠く離れた地域だという意識が薄れていった。遠い異国から来るからといって、その産品にありがたみがあるということはなくなった。それらの産品は、マスマーケット（多数の最終消費者のために大規模に生産された商品の市場）で購入された。あるいは、パリで見られるように、カフェで飲まれた。消費水準の上昇とは、国内で消費される商品が多くの国から輸入されることを意味した。マスマーケットは、人々の所得水準が上昇したからこそ生まれた。そしてその所得水準の上昇は、産業革命の影響もあるが、個々人が生活水準を上昇させるため、市場での労働に精を出したために起こったのである。

植民地で栽培された消費財を口に入れることができたのは、疑いなく、ヨーロッパの帝国主義のおかげであった。しかし、商品がひとたびマスマーケットで販売されたなら、それは帝国主義という色彩を失い、単なる消費財に変わった。帝国主義時代とは、欧米列強が世界を分断した時代であったが、植民地から輸出される産品に関しては、まったく逆の傾向が見られたのである。

2　大衆消費社会の誕生

†大衆消費社会とは何か

消費社会は、一九世紀のうちに、すでにアメリカと西欧では（さらに、おそらくは日本でも）誕生していたといってよい。それは、一九世紀イギリスを中心とするヨーロッパ諸国が世界中に植民地をもつという形態でのグローバリゼーションによって、形成された。しかしまだ、大衆消費社会といえる段階ではなかった。では、消費社会と大衆消費社会とはどこが違うのだろうか。

消費社会とは、市場経済の形成によって誕生したと考えられる。人々が消費するものは、元来は「商品」ではなかった。太古の人々は、他の人たちとモノとモノを交換した。やがて必要なモノを交換するために市場が生まれ、貨幣が使用された。市場で取引される時、モノは商品になった。

時代とともに、物々交換は減り、市場で購入される商品が増えていった。したがってこれまで述べてきた消費水準の上昇は、市場の発展とリンクしていた。人々が商品を、大量に市場で購入するようになったので、世界は商品で溢れ、豊かになっていったのだ。しかし、綿織物や化学繊維の購入だけでは、消費水準の上昇度はあまり大きくない。なぜならそれは、耐久消費財ではないからである。

耐久消費財とは、かなり長期間にわたり消費される消費財である。それは、日々消費するコーヒーや砂糖と比較すると高価であり、工場で生産される商品であることがふつうである。したがって耐久消費財の誕生とは、大量生産をする大規模な工場制度の誕生も意味するのである。

工場では大量生産がおこなわれ、それにより商品価格は大きく低下したといわれる。それが大量消費を可能にし、大衆消費社会の形成に寄与したとされる。しかし、大量生産だけで大衆消費社会の形成を十分に説明できるのだろうか。

†T型フォード――大量生産の実現

周知のように、T型フォードは自動車王ヘンリ・フォード（一八六三～一九四七）が一九〇八年に発明し、世界で最初に大量生産された自動車として知られる（以下、フォードに関する記述はウェブサイト my Auto world「Ford Model T〔1908-27〕」にもとづく）。

大量生産は、フォードが初めて導入した生産方法ではない。フォードは、すでに半世紀前から導入されていた武器の大量生産と肉をパッケージするために使われていたアッセンブリーラインを自動車にも導入したのである。さらにフォードは、両方の方法を改良し、生産スピードを改良した。フォードの自動車産業に対する最大の貢献は、この点にあった。

T型フォードの特徴は、フォードの「もし、黒色であるなら、どんな色の車でも買える」という言葉に集約されるだろう。彼が考えたのは、一種類の安価な自動車を生産すること、すなわち、一つの商品だけを生産することであった。T型フォードは、そういう自動車だったのである。一九〇八年から二七年にかけて、一五〇〇万台以上を生産した。

当初の価格は、八五〇ドルであった。これは、当時の同程度の自動車の価格よりも一五〇ドルほど安かった。だが、それはアメリカの一般的な労働者が簡単に買えるような安さではなかった。フォードは、もっと安い自動車を販売しようと考えた。そのためにも、アッセンブリーラインによる大量生産を促進する必要があった。それにより、一台を生産するのに要した時間は、四〇〇時間から一二三時間に短縮された。年間の生産台数は、一九〇八年の五九八六台から一九一六年には五七万七〇三六台へと急速に増加した。一二時間以上かかっていた一台の生産時間は、九〇分程度にまで短縮した。これはフォーディズムとも呼ばれ、大量生産により、より安価な製品を生産することを最大の特徴としたのである。

日本を代表する経営史家である和田一夫は、互換性部品を使っておこなう製造のことを「ものづくり」と呼び、その一つの到達点を自動車産業だとした。そして「ものづくり」は、フォードからトヨタへと受け継がれていったのである（和田二〇〇九）。

このような生産方法は、一般に、資本主義社会の特徴を示すものとされる。しかし、本当にそうなのだろうか。

たしかに資本主義社会にとって、大量生産は欠くことができない。だが、フォードのシステムでは、T型フォードを一生涯使い続けることになる。すなわち、同じ型の自動車を購入し続けるしかないのである。それでは、資本主義社会の最大の特徴である経済成長はない。自動車が買い換えられ続けるからこそ、自動車会社は成長し続けることができるのである。このような観点から見れば、フォーディズムは、資本主義社会の特徴を表してはいないのである。

†GMのアルフレッド・スローン——大衆消費社会を具現化した人物

世界最大の自動車会社は、フォード・モーターズとなった。安価なT型フォードを生産するフォードには、だれも勝てないように思われた。だが、それは事実ではなかった。一九二三年から五六年にかけてゼネラルモーターズ（GM）のトップの地位にあったアルフレッド・スローンがフォーディズムとは異なるシステムを築き上げ、GMを世界最大の自動車会社へと成長させたのである。

スローンの自動車会社経営に関する哲学は、つぎの言葉に集約されよう。「アメリカの自動車業界での生き残りは、毎年新しい製品を送り出して買い手の心をとらえられるかどうかにかかってきた。ここで重要なのが年次モデルチェンジで、これを実現できなければ、市場から消えるほかないだろう」（アルフレッド・P・スローン・Jr.『GMとともに』有賀裕子訳、ダイヤモンド社、二〇〇三年、xxii頁）。

さらに、スローンは、このようにいう。

その年（一九二四年――引用者）、GMの価格リストを見ると、いまだ一九二一年の製品ポリシーを十分に実践できずにいると痛感させられた。売れ筋は依然としてツーリング・カーでその価格は以下のとおりであった。

〈シボレー〉五一〇ドル
〈オールズ〉七五〇ドル
〈オークランド〉九四五ドル
〈ビュイック4〉九六五ドル
〈ビュイック6〉一二九五ドル
〈キャデラック〉二九八五ドル

（同書、一七二～三頁）

フォードがT型フォード一種にこだわったのに対し、GMは、いくつもの車種を用意した。そして、顧客は所得が上昇するとともに、より高級でそれまでとは異なる車種を購入するようになった。そもそも、一車種だけでは顧客が飽きてしまう。一九三〇年代になってフォードがGMに敗北したのは、それが大きな要因であった。スローンはさらに、月賦販売により、自動車の購入をより容易にした。

規格化は大量生産の基本には違いないが、当時の「大量生産」は、T型フォードに代表されるように、あくまでも単一の製品を前提としていた。ところが、スローンは複数の車種で規格化を進め、この分野での先駆けとなった。これはフォードと対極にある発想である。GMはすべてについてフォードと逆の発想をした。GMは五つの価格帯すべてに車種を投入し、車種によっては複数のモデルに分けていたため、GMが切り開いた規格化路線は、全製品ラインに大きな影響を及ぼした。仮に低価格車のスケール・メリット（規模の経済＝大量生産すれば安くなる）を高価格車にまで及ぼすことができれば、全製品が大量生産の恩恵に浴するのである。すなわち、高級車であっても、大量生産すれば安くなるのだ。

フォーディズムではなく、スローンが考案したシステムこそが、資本主義の現実の姿を的確に表現する。顧客は、ある程度の期間がすぎたなら、新しい自動車を購入する。その前提となるのは、賃金の上昇である。そしてより多くの賃金を獲得するために、人々は一生懸命に働くのである。

人々が欲したのは、自動車に代表される耐久消費財であった。多種の耐久消費財が購入されることで人々の生活水準は上昇した。さらにそのような人々の数の増加は、ミドルクラスの人々、つまり比較的豊かな人たちが増え、社会が安定することを意味したのである。アメリカでは、彼らのほとんどが自動車を購入するようになった。それは、アメリカンライフの象徴ともなり、生活水準の向上を表したのである。

†耐久消費財の購入――アメリカの優位

第一次世界大戦は、ヨーロッパに大打撃を与えた戦争であった。「世界」という言葉が使われてはいるが、現実の戦闘地域はほとんどがヨーロッパであった。この頃の日本で、この戦争を「欧州大戦」と呼んでいたのは、そのためである。ヨーロッパの没落は、同戦争で如実に感じられた。

対照的に、台頭したのはアメリカであった。一九一四年にはじまった第一次世界大戦は、一九一七年四月にアメリカが連合国側に立って参戦することになったため、ドイツを中心とする同盟国の敗北が決定的になった。

アメリカは、この大戦により、世界でもっとも豊かな国として登場した。アメリカは債務国から債権国へと転換し、ニューヨークは、ロンドンとともに世界金融の中心になった。

さらにアメリカでは、消費水準が大きく上昇した（以下、本節は基本的にTrentmann, 2016にもとづく）。一九二〇年代末までに、二七〇〇万世帯のうち一八〇〇万の世帯に電話がつき、一五〇〇万世帯がアイロンを、七〇〇万世帯が電気掃除機を、五〇〇万世帯が洗濯機を保有するようになった。

所得がもっとも多い人々のあいだでは、九二パーセントがバス（浴室）を、六三パーセントがラジオを、八三パーセントが自動車を保有していた。

多くの熟練労働者は、彼らが大量生産している商品を購入するようになった。ただし、人種による格差は大きく、一九三〇年代になっても、黒人でバス（浴室）をもっている比率は一九パーセント、ラジオの保有世帯は一七パーセントにすぎなかった。

対照的に、ヨーロッパと日本とカナダは、なかなか労働節約的な製品を購入しなかった。第二次世界大戦以前から存在していたが、大半の家族は、洗濯機よりもラジオや新しい家具を購入しようとした。西欧では、冷蔵庫と洗濯機は、一九五〇年代後半になっても、ミドルクラス以下の家庭ではあまり見られなかった、そもそも、もっと下層の人々は購入していなかった。一九五七年において、イギリスとフランスの家庭で冷蔵庫を使用していたのは五パーセントしかなかったが、アメリカでは二七パーセントであった。

その理由として、ヨーロッパの労働者の給与が、アメリカの労働者と比較して安かったことがあげられる。したがって彼らは、一九五〇年代になっても、アメリカ人が享受していた大衆消費社会を経験することはできなかった。

一九二四年には、洗濯機の平均価格は一二五ドルであった。一九三四年には、五〇ドル程度にまで低下した。平均月収が三〇〇ドルであったアメリカの労働者には手の届く価格であり、アメリカでは生活を便利にする製品が普及していた。それとは対照的に、フランスでは、標準的な電気掃除機の価格は、熟練労働者の一カ月分の給料に匹敵した。

ここで述べたような製品を使用するためには、人々が、ある程度裕福であるだけではなく、電気と水道水を利用しやすい環境にいなければならなかった。さらに、人々は、劇場に行くなどの娯楽よりも、このような製品に投資するだけの価値があると納得しなければならなかった。それは、西欧のような伝統的社会では、決して容易なことではなかったのである。

西欧は、なかなかアメリカのような大衆消費社会にはならなかった。たとえばフランスのパリとイギリスのバーミンガムでは、一九五〇年代後半になっても、独立したバスルームのある家は、三分の一しかなかった。ガスと電気の普及は都市部であれ農村部であれ、地域による差異がかなり大きかった。ヨーロッパの家庭のほとんどに電気がついたのは、一九五〇年代のことであった。

アメリカでは一九三〇年代には電灯が導入されており、二つに一つの世帯が、調理のためにガスを使用していた。ただし、バス（浴室）のためにガスを使っている家庭はずっと少なかった。またニューヨークでは、ガスと電灯はどの家にも見られた。

アメリカの消費水準は、明らかに西欧よりも高かったのである。

†西欧のモータリゼーション——高速道路の発展

一九五〇年代になると、西欧においても、自動車を運転する人々の数が大きく増えた。それは、西欧の奇跡と呼ばれる経済成長につながった。自動車の保有台数は急速に増大し、たとえば西ドイツでは、一九五〇年代においては、自動車の保有台数は年間二〇パーセン

国／年度	1960	1970	1980	1990	1998
ベルギー	183	488	1,203	1,631	1,682
デンマーク	–	84	516	601	861
ドイツ	2,671	6,061	9,225	10,809	11,427
スペイン	–	387	2,008	4,693	8,269
フランス	174	1,533	5,264	6,824	9,303
アイルランド	–	–	–	26	103
イタリア	1,065	3,913	5,900	6,193	6,453
ルクセンブルク	–	7	44	78	115
オランダ	358	1,209	1,780	2,092	2,360
オーストリア	–	478	938	1,445	1,613
ポルトガル	–	66	132	316	1,252
フィンランド	–	108	204	225	473
スウェーデン	–	403	850	939	1,339
イギリス	202	1,183	2,683	3,180	3,421

表2-4　EU15カ国（ギリシアを除く）の高速道路の敷設キロメートル数
出典：Richard Vahrenkamp, "Driving Globalization: The Rise of Logistics in Europe 1950- 2000", European Transport ／ Trasporti Europei No. 45 (2010), p.3. をもとに作成。

トずつ上昇していった（以下、本項はVahrenkamp, 2010にもとづく）。それは、大衆用の自動車が販売されたためにおこった。イタリアではフィアット500が、フランスではシトロエン2CVが、西ドイツではフォルクスワーゲン（ビートル）が人気を博した。

それに加えて、道路のシステムが改善された。ヨーロッパの多くの国では高速道路がなかったためモータリゼーションを維持することは難しかったが、その状況が変化していった。表2-4は、EU一五カ国（ギリシアを除く）の高速道路の敷設キロメートル数を示したものである。ここから、西欧諸国で、とくに一九六〇年代に、高速道路網が整備されていったことが理解されよう。

最初に高速道路が発展したのは、イタリアとドイツであった。すでに一九五〇年代のうちに高速道路の敷設キロメートル数を増やし、フランスやイギリスよりもモータリゼーションの点で進んでいた。ドイツの場合、ヒトラーが建設していたアウトバーンの遺産があったことも付け加えておくべきであろう。イギリスとフランスの二国は、一九六〇年代から七〇年代にかけて、モータリゼーションが進んだ。また、ベルギーとオランダという小国も、国の規模のわりにはモータリゼーションが大きく前進した。

一九五〇年以降数十年間の西欧は、「奇跡」と呼ばれるほどの経済成長を経験し、それは大衆消費社会を生み出した。人々の賃金が大きく上昇し、それが耐久消費財に投下された。自動車の購入台数の増加と、それと並行して生じた高速道路の建設は、大衆消費社会の大きな特徴をなした。

†アメリカに追いついたヨーロッパの大衆消費社会

高速道路建設はモータリゼーションを大きく発展させた。それと連動して、西欧の生活

	電話			乗用車			テレビ		
	1969	1985	2003	1969	1985	2002	1969	1985	2003
アメリカ	567	800	1,164	427	573	481	399	815	938
スウェーデン	515	890	1,716	275	426	452	300	474	965
イギリス	253	521	1,432	205	341	384	284	435	950
スイス	457	832	1,587	206	449	507	184	407	552
西ドイツ	212	621	1,442	208	386	516	262	570	675
フランス	161	608	1,262	238	405	491	201	406	632
イタリア	160	448	1,502	170	476	542	170	424	–

表2-5　耐久消費財の所有数（1000人あたり）
出典：J. Robert Wegs and Robert Ladrech, *Europe since 1945: A Concise History*, London and New York, 2006, p.151.

様式はアメリカのようになっていった。自動車はいうまでもなく、冷蔵庫、洗濯機などの耐久消費財は、どの家にも備えられるようになっていった。しかも自動車産業の裾野は非常に広く、その発展によって、経済全体が成長することが期待できるのである。この時代は、大衆消費社会の時代だったのである。

戦後に現れた多くの耐久消費財は、西欧の人々の手の届かない高価な水準にあった。だが、大量生産のために価格が低下し、企業が成長したため人々の賃金が上昇し購買力が増すと、それらを購入できる人も増えていった。

西欧では、一九五〇年代から六〇年代にかけ、多くの耐久消費財が家庭に入ってきた。一九九五年には、EUの八八パーセントの家庭が洗濯機を、八一パーセントがセントラルヒーティングを、九七パーセントが温水を使用するようになった（Trentmann, 2009）。一九八〇年代には、とくに東欧でこれらの耐久消費財の購入が盛んになった。それは、西欧ではすでに家庭に備えていて当たり前の消費財であった。

アメリカと西欧の差は明らかに縮まっていった。表2-5は、電話、乗用車、テレビの一〇〇〇人あたりの所有者数を示したものである。一九六九年の段階では明らかにアメリカがもっとも多いが、二〇〇三年になると、アメリカを追い抜いている国も多い。

さらにこの種の耐久消費財は、国によっても必要度が異なるので、単純な比較は難しい。しかし、アメリカの影響を受けた西欧諸国が、それぞれの国の実情に応じて消費水準を上昇させたことも間違いない。大衆消費社会をどのように定義するかによってこの現象のもつ意味は異なるが、西欧は、今やアメリカに劣らない大衆消費社会になったことはたしかである。

†社会主義諸国と消費

非常に長期間にわたり、経済成長とは、消費水準の上昇を意味した。消費財が増えると生活が豊かになり、経済成長があったと実感できたのである。アメリカやヨーロッパについてここまで見てきたが、社会主義諸国はどうだったのだろうか。

ロシア革命が発生したのは一九一七年、ソヴィエト連邦が誕生したのは一九二二年のことであった。社会主義国家となったソ連では、一九二八年に第一次五カ年計画がスタートした。

さらに第二次五カ年計画（一九三三〜三七）では、消費財生産のために軽工業を重視しようとした。だが、この時代ナチスの台頭があり、それに対抗するために重工業が重視されるようになった。社会主義国では、重工業重視、軽工業軽視の経済政策は、その後もつきまとうことになった。そのため人々の生活は豊かにならず、不満が蓄積された。それらが、やがて社会主義が崩壊する大きな要因となった。

第二次世界大戦が勃発した時には、世界に社会主義国はソ連しかなかった。しかし、戦後になって、ヨーロッパでは東欧諸国（ブルガリア、チェコスロヴァキア、東ドイツ、ハンガリー、ポーランド、ルーマニア、アルバニア、ユーゴスラビア）が社会主義化し、それが西欧諸国にとって大きな脅威となった。

東欧諸国の経済成長率は、一九五〇〜六〇年代は年間七パーセントであり、西欧諸国の四・六パーセントを大きく上回っていた（オルドクロフト二〇〇二）。社会主義の未来は明るいように思われたが、消費財の生産、さらには消費文化そのものを軽視したことが、大きな問題点になった。

社会主義国が日常的な消費財をどれほど軽視していたのかということは、つぎの文章からも明らかである。

> 人工衛星を世界に先んじて飛ばした大国ソ連でも、庶民の消費生活はまだ驚くほど窮屈である。
> 洗濯機用の粉石けんはめったに売り出されないので、たまに売り出されると、黒山の人だかりでアッという間に売り切れてしまう。またインスタントコーヒーは、もう一年半も町から姿を消しているといったぐあいで、私たちが日常なにげなく使っている雑貨がまったくないか、あっても質が問題にならないほど悪くて、値段が高い。
> （鈴木俊子『誰も書かなかったソ連』文春文庫、一九七九年）

社会主義経済は、計画経済であり、市場経済ではない。そのため、消費財の生産が、消費者のニーズに合致したものであるとは限らなかった。ここに、ソ連の消費財生産の大きな限界があった。消費者のニーズに合わせて商品を生産するのではなく、消費者が商品にニーズを合わせなければならなかったのである。

社会主義諸国の住宅設備も悪かった。社会主義諸国のなかで経済的にもっとも進んでいた東ドイツでさえ、一九七一年の段階で、平均的家屋は建築後六〇年を経過していた。しかもそのうち三分の二は、バス（浴室）もトイレもなかったのである。二九パーセントには、水道水がなかった。しかも、住宅は平均して五三平方メートルと、西欧の七九平方メートルよりも、ずっと狭かったのである（Trentmann, 2016）。

3　日本の高度経済成長

†日本の場合

最後に、日本における大衆消費社会の形成を見てみよう（以下、本項と次項の議論は、主として吉川二〇一二を参考にした）。二一世紀のアジアでは、中国の経済成長が目立っているが、第二次世界大戦後急速な経済成長を遂げたのは、いうまでもなく日本であった。アジア・太平洋戦争の敗北により、一九四五年八月の生産指数は、一九三五〜三七年を一〇〇とすると、たった八・七にすぎなかった。インフレーションは激しく、一九三四〜三六年の消費者物価指数を一〇〇とすると、一九四九年第2四半期の物価指数は二四七・八になった。

しかし、日本はこのような状況から立ち直り、世界史上に残る高度経済成長を達成したのである。そのきっかけとなったのは、一九五〇〜五三年の朝鮮戦争特需であった。この特需により、一九四九年に五億一〇〇〇万ドルであった輸出額が、五六年には二五億一〇〇〇万ドルと、約四倍に増加した。鉱工業生産指数は、同時期に一〇〇から三一六へと大きく上昇した。

一九五五年から七〇年にかけて、年間一〇パーセント以上の経済成長率を誇り、日本は高度経済成長を経験した。おそらくその大きな要因は、設備投資＝第二次産業の進展と高い貯蓄率に求められよう。設備投資の費用を、海外から借りる必要はなく、国内の銀行からの借金（間接金融）で賄うことができた。しかも人口が増加していたので、若年労働者を雇用することができ、人件費比率は低くてすんだ。

戦後の日本は、軍事に対する投資が大きく減り、その分を経済成長のために投資することができた。もし軍事費が高かったなら、工業への十分な投資はできなかったかもしれない。戦前から戦中にかけての日本の重工業の発展は、軍事産業と大きく結びついていたが、戦後の経済成長は、この点で、戦前・戦中とは大きく違っていた。

さらに、石油価格が安かったことが幸いした。一九七〇年頃まで石油価格は一バレル（約一六〇リットル）あたり二ドルを下回るほどに安かった。原料が安いのだから、工業の発展は難しくはなかった。しかも、日本企業はどんどんと技術革新をおこなっていったので、工業製品の価格は安くなり、品質は上昇していった。

また、一ドル＝三六〇円の固定相場制のもとで、日本の経済力が上昇して円がそれ以上に強くなっても、実質円安のため、輸出を増大させることができた。そのため、貿易収支は黒字になった。

しかも、農業労働者の数が大きく減少し、工業労働力として若い有能な労働者が都会に出て働いた。市部と郡部の人口比は、一九四五年には二七・八対七七・二であったのが、一九八〇年には七六・二対二三・八と大きく逆転しており、日本は農村社会から都市社会へと変貌していた。

新規学卒就業者数をみると、一九五五年は中卒六〇パーセント、高卒三一・四パーセント、大卒が八・六パーセントだったのが、一九七五年にはそれぞれ、六・一パーセント、五八・六パーセント、三五・四パーセントとなり、高学歴社会になっていった。そのため、高度な技術や知識をもつ労働者の比率が増え、彼らは高度な技術社会の形成に寄与した。

このような社会変化を背景に、一九六〇年、池田勇人首相が、所得倍増計画を発表した。すなわち、七・二パーセントの経済成長率を維持すれば、一〇年間で所得が二倍になると宣言したのである。当初、このようなことは不可能だという人も多かったが、現実には日本の経済成長率はもっと高く、名目GNPは四年間で二倍に、一〇年間で四倍になった。日本の経済水準は急速に上昇したのだ。それには、耐久消費財の生産が不可欠であった。

✝消費の拡大

日本経済は、輸出を大幅に拡大した。輸出品の中心は一九五〇年代には綿織物であったが、一九六〇年代には鉄鋼になり、一九七一年には鉄鋼の一位は変わらないが、自動車がそれについだ。さらに輸出が拡大しただけではなく、日本国内においても、耐久消費財の需要が増え、日本人の生活は豊かになっていった。

図2-1は、日本の耐久消費財の普及を表したものである。洗濯機や電気冷蔵庫、テレ

ビ、乗用車、エアコンなどの耐久消費財が、短期間のうちに各家庭に普及したことがわかる。これはまさに消費革命であり、日本社会は、あっという間に大衆消費社会になったことがよみとれる。

さらに、図2-2は、主要国の自動車生産台数を示している。日本の自動車生産台数は急激に上昇し、西欧諸国を追い抜き、さらにはアメリカを追い抜いたことがわかる。しかも、アメリカの自動車生産台数は増加していない。一九七三年頃まで西欧の生産台数は伸びているが、日本ほどではない。

日本では、多くの人々が自動車を所有し、マイカーをレジャーに、さらには通勤に使うことは日常的なことになった。

この時期の経済成長は、労働生産性の上昇→賃金上昇→消費の拡大→生産需要の拡大→投資拡大→生産性の上昇という、消費主導型成長によって成り立ったことに注意しなければならない。日本の高度経済成長は、重化学工業が牽引したかのように思われがちである。だが、消費者が消費財を購入しようとし、それが牽引力となり、耐久消費財を生産するために重化学工業が発展したのである。

経済成長における自動車の重要性については、香西泰が、つぎのように述べる。

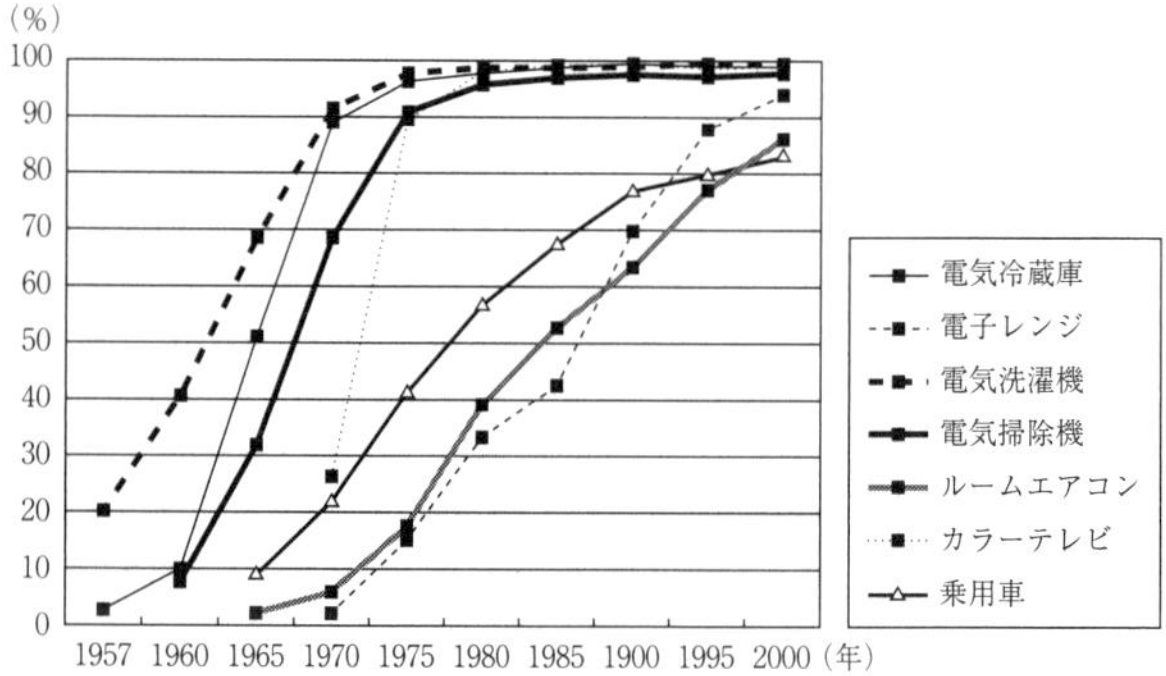

(備考) 1. 内閣府「消費動向調査」より作成。
2. 電気冷蔵庫、電気洗たく機の昭和32～35年、電気掃除機の35年は非農家・都市のみ。
3. 乗用車の昭和40年は非農家のみ。

図2－1　耐久消費財の普及率の推移

出典：平成17年版「男女協同参画白書」第1－序－2図をもとに作成。

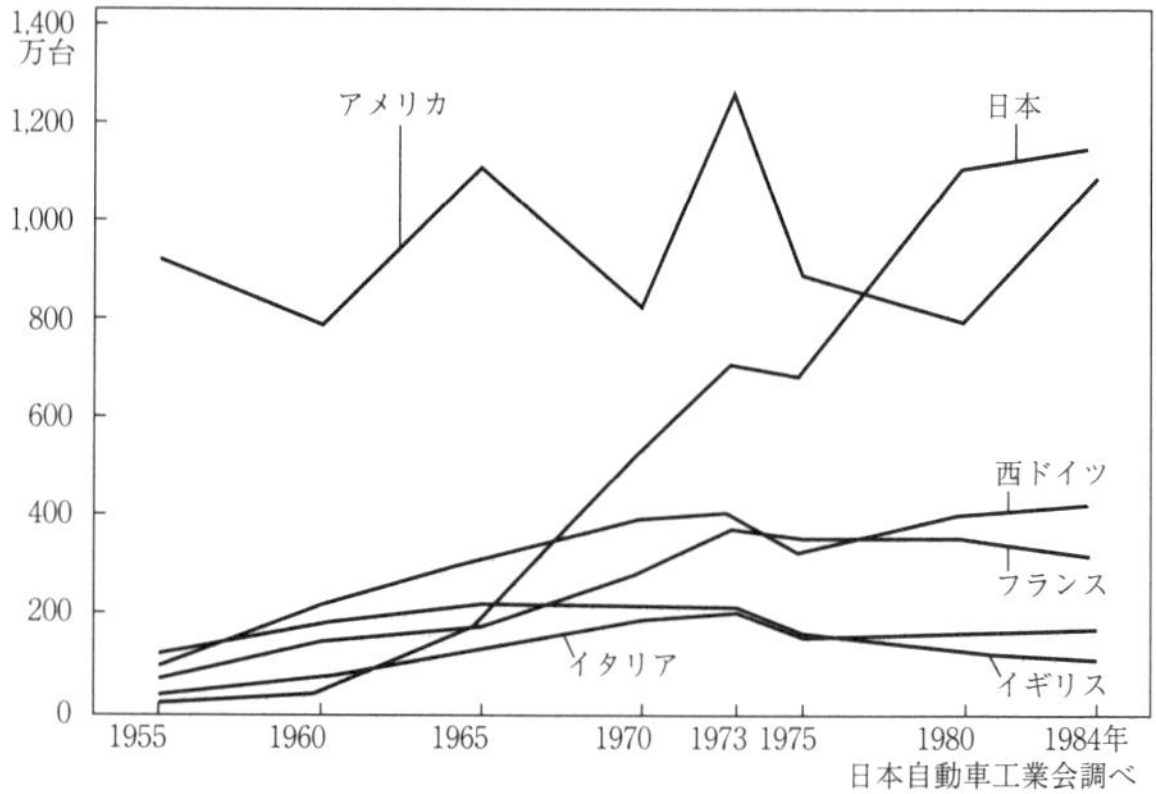

図2－2　主要国の自動車生産台数の推移

出典：猪木武徳『日本の近代7　経済成長の果実　1955～1972』中公文庫、2013年、169頁。

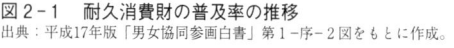

第一に、これによって鉄鋼業の薄板生産が大きく刺激された。第二に、特殊鋼や工作機械など、古くから存在しながら市場が狭いために発展が妨げられていた産業が、活力をよびさまされて発展した。工作機械の生産規模は一九五五年の五十億円から六二年の一千億円にまで急拡大しており、生産ロットや企業規模も国際水準となった。第三に、下請中小企業の合理化である。（中略）第四に、こうしたなかから、一部に下請系列にとどまらない独立専門メーカーが生まれた。

（香西泰『高度成長の時代――現代日本経済史ノート』日経ビジネス文庫、二〇〇一年、一六二〜六三頁）

このようなことは、電機工業にもあてはまった。香西は、さらにこういう。

耐久消費財産業の発展は、これまで外生的とみられてきた重化学工業を、国民の消費生活に近づかせた。それは技術革新と消費革命の結び目となったのである。耐久消費財の普及については、①普及度が高まるにつれて量産効果によりコスト、価格が低下し、それがさらに普及を促進したこと、②その過程でデモンストレーション効果が強く作用し、他方、耐久消費財の普及とともに中流意識層が一般化していったこと、③普及過程は新製品のライフ・サイクルを典型的にあらわしていたこと、などを注意しておこう。（同書、一六二頁）

高度経済成長の時代に、日本は大衆消費社会の仲間入りをしたといってよいであろう。一見すると、日本の経験は特殊であるかのように思われるかもしれないが、消費が牽引して経済を成長させる点において、アメリカや西欧と同じ行程を歩んでいたのである。

†おわりに

西欧は、海外に植民地をもち、そこから輸入される商品により、消費社会を実現した。その典型がイギリスであった。

アメリカは、そもそも国土が広く、それに対し労働者の数は少なかった。そのため労働力が希少となり、賃金は西欧よりもむしろ高かった。それにより国民は、消費財を購入できるだけの財政的余裕があった。アメリカの広大な土地は、モータリゼーションの発展に適していた。しかも、二度の世界大戦で利益を得た唯一の国であった。アメリカが他国に先駆け大衆消費社会を実現できた背景には、このような事実が横たわっていた。

江戸時代がはじまった頃の日本は、茶、木綿、絹、生糸などの消費財は輸入していた。しかし、鎖国政策により輸入することが不可能になると、日本国内で生産することに成功した。徐々に米、さらにはそれ以外の商品作物の生産量が増え、一般の人々の生活水準は向上していった。すでに明治維新の頃には、欧米の水準よりは劣っていたが、それ以外の地域と比較したなら、おそらくは高い消費水準に達していた。そして、戦後の高度経済成長期に日本はさらに消費水準を上昇させ、

大衆消費社会の時代とは、GDPが経済の指標としてそのまま使えた時代でもあった。GDPという指標は、工業化社会にこそ適したものだからである。

松下電器（現パナソニック）の創業者である松下幸之助は、自身の功績に対して、つぎのように語った。「以前、日本の婦人は、食事の仕度をしたり、洗濯をしたり、また掃除をしたりと、朝から晩までいろんな家事に追われて、ほとんど自分の時間がもてなかった。しかしぼくは、炊飯器や洗濯機や掃除機など、いろんな家庭電気器具をつくって、日本の婦人を台所から解放した」（https://konosuke-matsushita.com/episodes/idea/no1.php）。

これは、市場での活動で消費者に便益をもたらし、それがそのまま会社の利益ばかりか、自国の利益につながった時代の経営者の言葉である。

しかし、そのような時代は終わりを迎えることになった。時代は、大衆消費社会から金融社会へと移ったからである。もう消費者には、新たに購入するものはあまりなくなっていた。新しい消費財を購入することで経済が成長するという図式は過去のものになり、金融部門の成長が、GDP成長の原動力になっていったからである。

一九五〇年代から七〇年代にかけ、世界の不平等性はおおむね低下していった。それは、世界の多くの地域でジニ係数（ジニ係数は、0から1のあいだを上下し、不平等性が大きいと上昇し、少ないと低下する）が低下していったことから証明される。

しかし、一九八〇年代になると、世界の多数の地域でジニ係数が上昇していった。ここから、不平等な社会になっていったことがわかる。

本書では、不平等性が上昇した原因を、経済の金融化現象に求める。

GDPとは、あらゆる活動の成果を数値化して表すことを意味する。大衆消費社会の発展によって大きくなったGDPは、さらに大きくなることが当然の前提とされた。その時、金融部門が重視されたのである。持続的経済成長の担い手は、モノから金融へと移ったのだ。それにより、ＧＤＰは成長したかもしれないが（ただし第6章で論じるように、実は経済成長はなかったかもしれない）、所得格差は大きくなっていったのである。

第3章

戦後世界の変化

1　ブレトンウッズ体制の変化

†はじめに

ブレトンウッズ体制の時代（一九四四〜七三）とは、耐久消費財が経済成長を牽引していた時代であった。すなわち、ＧＤＰの成長が人々の生活の豊かさの増加を意味した時代だったのである。

それ以降の時代は、ＧＤＰに占める金融部門の比率が大きく高まり、ＧＤＰの成長率がいくら高くなっても、人々の生活が豊かになるとは限らない時代に突入したのである。すなわち、金融化によって、実体経済と金融経済の乖離が生じた。しかも、金融部門の発展とともに、能力がある人間が多くの所得を獲得できるというネオリベラリズムが隆盛を極めたので、人々の収入の差は、ブレトンウッズ体制の時代よりもはるかに大きくなったのである。

金融の自由化と規制緩和により、資本は簡単に国境を越えるようになった。それは金融の発展ではあっても、それがＧＤＰを本当に上昇させたかどうか、さらには人々の生活を豊かにしたかどうかはわからない。

しかも、われわれは所得・富がだんだん不平等になっていく社会に生きている。タックスヘイヴンを利用できるのは大企業や大金持ちであり、中小企業やミドルクラスではない。かつて、世界はミドルクラスの拡大により、より平等な社会の構築に成功した。だが現在では、ミドルクラスは減少し貧しい人々は増え、より不平等な世界の誕生に直面しているのである。前章では大衆消費社会の到来による格差の縮小について述べたが、本章では、この不平等な世界の誕生につながった、世界の「金融化」について述べてみたい。

†戦後の世界経済はどう変化したか

ここではまず、戦後の世界経済の変化を概観してみたい（以下、本節は玉木二〇一八ａにもとづく）。

戦後の世界経済の変化は、アメリカの支配力低下という言葉に集約することができよう。アメリカによる経済支配体制とは、ブレトンウッズ体制のことである。この体制のもとで、ケインズ主義的な需要管理政策を採用し、政府が経済をある程度管理することによって、世界経済は歴史上それまでなかったほどの経済成長率を達成した。

このような基調が明らかに変化したのは、一九八〇年代のことであった。ケインズ主義政策に取って代わり、ネオリベラリズムの思想をもとにした小さな政府、市場経済が重視されるようになった。

この時代に、先進国は、製造業から金融業へと産業の中心を変化させた。世界は金融化し、資本は世界中に散らばるようになった。格差社会が出現したのは、そのためであった。

†ブレトンウッズ会議

第二次世界大戦の行方は、一九四四年になると明らかに連合国側に有利になっていった。戦争の終結は時間の問題であり、戦後の経済体制の確立が重要な課題となった。

第二次世界大戦が勃発した一つの理由として、欧米列強がブロック経済体制をとったことがあげられることは言を俟たない。たとえばイギリスは、イギリス本国とドミニオン(自治領)、植民地、さらにはイギリスと経済的結びつきが強い地域で、ポンドを基軸通貨とするスターリング＝ブロック経済圏を形成した。

ブロック経済圏での貿易にとどまるなら世界の貿易は発展せず、広大な植民地をもつイギリスのような国に比べて、あまり植民地をもたないドイツや日本のような国は明らかに不利になり、植民地を増やすための戦争を余儀なくされたという考え方もできるのである。

それに対する反省として、世界的な経済協力体制が必要だという共通認識が広まっていった。そのような体制を築くために世界各国が協働する必要があると考えられたので、一九四四年七月、アメリカのニューハンプシャー州のブレトンウッズで、連合国四四カ国の代表が集い、ブレトンウッズ会議が開催された。

現実にはこれは、アメリカを中心とする世界経済秩序の形成を意図した会議であった。この会議の結果、ブレトンウッズ体制と呼ばれるアメリカを中心とする経済体制がつくられることになったのである。

†ブレトンウッズ体制とは

ブレトンウッズ会議では、金一オンス＝三五ドルとして相場が固定された。そして、そのドルに対して、各国の通貨の交換比率が決められるというシステムの固定相場制が構築された。金本位制に裏打ちされたドルを中核とするブレトンウッズ体制が、ここに完成したのである。

この体制の二つの柱となったのは、国際通貨基金（ＩＭＦ）と国際復興開発銀行（ＩＢＲＤ）である。国際復興開発銀行の役割は、のちに世界銀行によって担われるようになった。

ＩＭＦが金融業務を開始したのは一九四七年のことであった。ＩＭＦに参加するためには、各国は、一定額を拠出しなければならないが、参加国は、支払いの問題が生じた時には、拠出額の二五パーセントを引き出すことが可能である。そのＩＭＦにもっとも多くの金額を拠出しているのは、アメリカである。

一方、世界銀行は国際連合の独立機関である。だが、奇妙なことにＩＭＦの加盟国でなければ、世界銀行に加盟することはできない。世界銀行よりもＩＭＦの力のほうが強いことが、ここからうかがえよう。さらに、世界銀行の総裁は、原則としてアメリカ人が選出されている。

世界の金融システムの中心はアメリカであり、それは、アメリカ・ドルを基軸通貨とする固定相場制によって維持されるシステムであった。アメリカは世界中に軍隊を派遣し、アメリカの政治体制、ひいては経済体制を維持しようとした。

アメリカは、国際連合やＩＭＦをはじめとするいくつかの国際機関をつくった。そして、それらの国際機関を利用して、世界経済のヘゲモニーを握った。

ブレトンウッズ体制を、自由主義的な経済体制とみなすことはできない。アメリカの経済力が圧倒的に強いこと、さらには国際機関を利用してアメリカが金融の動きをコントロールすることが前提とされていた。ブレトンウッズ体制とは、アメリカのヘゲモニーのもとで、諸外国が自由に経済活動をすることができるというシステムであった。

その崩壊は、ことのほか早くおこった。

✝ブレトンウッズ体制の崩壊

アメリカは、第二次世界大戦終結時には圧倒的な経済力がある国であり、他の資本主義陣営が束になっても勝てなかった。しかし、アメリカの経済成長率は、もともとの分母が高かったから仕方ないにしても、諸外国と比較すると低かった。

一九五〇~七三年のアメリカの経済成長率は、年平均二・二パーセントであった。それに対しフランスは四・〇パーセント、ドイツは四・九パーセント、イタリアは五・〇パーセントと圧倒的に高く、日本にいたっては八・〇パーセントであった（オルドクロフト二〇〇二）。アメリカの経済力が低下し、金が国外に流出したのは、仕方がないことであった。

そのため一九七一年八月一五日、アメリカ合衆国大統領ニクソンが、それまでの固定比率によるドル紙幣と金の兌換《だかん》を一時停止すると発表した。これは、ニクソン・ショックと呼ばれた。現実には、金との兌換停止は一時的なものではなく、その後もずっと続くことになった。

金と交換できる通貨はドルしかなかった。だが、アメリカはドルの金交換に応じられないほど金保有量が減っていた。それは、アメリカ経済の弱体化を示すとともに、通貨体制の大きな変革が必要であることを意味した。戦後世界を形成したＩＭＦ体制の終焉でもあった。

とはいえ一九七一年のニクソン・ショックで、固定相場制が終わったわけではない。同年一二月にスミソニアン合意が結ばれ、ドルの切り下げという形で固定相場制は継続された。しかしそれは長続きせず、一九七三年には完全に変動相場制に移行した。

アメリカの経済力低下は、ここに如実に現れた。

さらに、アメリカの経済力を体現していた多国籍企業の力も衰退した。たとえばアメリカの支配力の低下は、石油価格に現れた。世界最大の石油産出地域は中東であり、第二次世界大戦後、中東の石油の価格決定権を握っていたのは、アメリカを中心とする「メジャー」と呼ばれる巨大な石油会社であったが、価格決定権を失う事件が発生したのだ。

第四次中東戦争が一九七三年一〇月六日に勃発したことを利用して、石油輸出国機構（OPEC）加盟産油国のうちペルシア湾岸の六カ国が、原油公示価格を一バレルあたり約三ドルから約一二ドルへと引き上げることを決定したのである。アメリカ政府もメジャーも、いや、世界全体が、この決定に反対することはできなかった。この時、アメリカは、石油の価格決定権を失ったのだ。これは、アメリカの多国籍企業の敗北だけではなく、アメリカのヘゲモニーの衰退を意味したのである。

†変貌する世界経済

第二次世界大戦後の世界は、アメリカが形成した秩序に従って動いていたといって過言ではない。周知のように、資本主義陣営に属する西側諸国と、社会主義陣営に属する東側諸国が対立関係にあった。しかし、この対立を過大視してはいけない。

社会主義諸国に属する東欧諸国は、ソ連のほか、東ドイツ、ポーランド、ハンガリー、ルーマニア、ブルガリア、チェコスロヴァキア、ユーゴスラヴィア、アルバニアしかなかった。たった九カ国である。それ以外の社会主義国としては、中国、北朝鮮、ベトナム、モンゴル程度しかなかったのだから、資本主義諸国と比較するなら、明らかに規模は小さかった。

イデオロギー的対立関係は深刻であっても、アメリカの社会学者イマニュエル・ウォーラーステインがいうように、世界経済は一つのものとして動いていたのである（ウォーラーステイン一九九七）。すなわち、社会主義とは、資本主義経済の一部として機能していたのである。東欧は、西欧の進んだ科学技術にもとづく工業製品を必要としていた。

石油価格が高騰した一九八〇年代になって省エネルギー化に失敗した東欧の社会主義諸国は、一九九一年には消滅した。世界は、この時に大きく変化したのである。社会主義国は、明確に資本主義化した。すなわち、資本主義的世界経済のなかで社会主義という陣営が存在した時代から、ヨーロッパのすべての国が資本主義国になる時代へと転換したのである。

東欧諸国は賃金が低く、西欧との垂直分業が考えられた。たとえば、中東欧諸国の場合、ヨーロッパ最大の経済大国ドイツの市場に近く、コスト、教育、伝統に加えて、輸送面でも有利な状況にある。一九九〇年代初頭、最大の組立生産工場があったチェコ（二〇一三

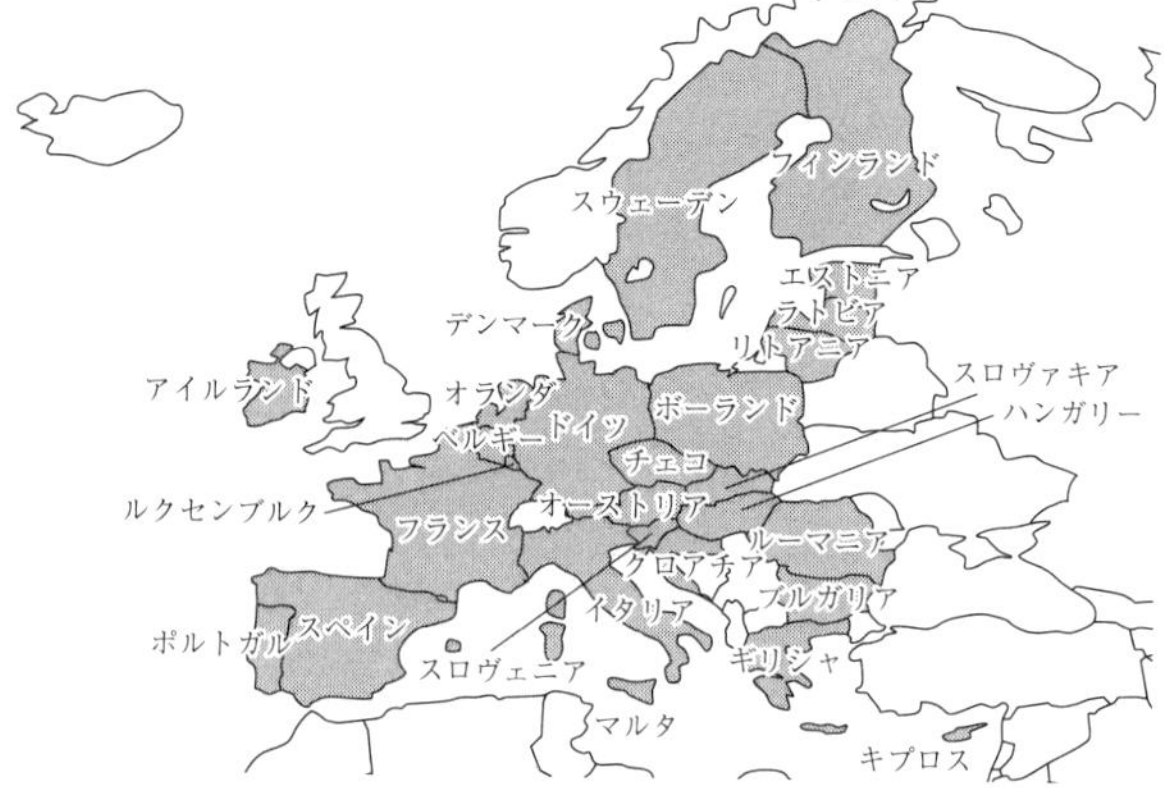

図3－1　EU加盟国（2020年）
出典：「EU MAG」http://eumag.jp/eufacts/member_countries/

年の生産台数は一一三万台）には、フォルクスワーゲン系のシュコダとプジョーシトロエン及びトヨタの合弁事業が誕生し、現代（ヒュンダイ）も創業している。

さらに中東欧諸国の中には、本来なら西欧の経済同盟であるヨーロッパ連合（EU）に加盟する国々も出てきた。二〇二〇年二月にイギリスが正式にEUから離脱して、EU加盟国は減り、二七カ国になった。しかし、図3-1からわかるように、現在ではいくつもの東欧諸国を含むようになっている。これは、ヨーロッパの単一市場が大きく拡大したことを意味する。人やモノだけではなく、資本の移動もスムースにおこなわれるようになったのである。

EUの事例に見られるように、ブレトンウッズ体制のもとで考えられていた以上に金融は自由化され、資金が非常に速いスピードであちこちに移動するようになった。それは、一九八六年にイギリスではじまった金融ビッグバンが嚆矢《こうし》となった。だがその前に、金融ビッグバンを可能にしたネオリベラリズムという考え方に言及する必要がある。

2 ネオリベラリズムの台頭

†ネオリベラリズムとは何か

しばしば「新自由主義」と訳される'Neoliberalism'（ネオリベラリズム）は、本来決して良い意味で使われる言葉ではない。'Neo'とは、中立的なニュアンスがある'New'とは異なり、マイナスの感情が含まれているのである。たとえば、「ネオナチ」とはいうが、「ニューナチ」とはいわない。いうまでもなく、ナチスにはマイナスのイメージがこびりついているからである。

とすれば、ネオリベラリズムの訳語として、「新自由主義」をあてることも、適切ではないかもしれない。ネオリベラリズムは批判されるべき対象であったことが、この訳語には込められていないからである。それに対し、本来「新自由主義」と訳されるべきニューリベラリズムという考え方は、社会的公正を重視し、自由な個人や市場を実現するためには政府による介入も必要と考える立場であり、社会保障が重要だとする。これは、ネオリベラリズムとはまったく逆の考え方である。

ネオリベラリズムとは、福祉国家に反対する立場である。一九三〇年代から徐々に福祉国家の力が強くなり、第二次世界大戦後その傾向はさらに強くなった。累進課税の導入により社会は平等化傾向が強まり、GDPに占める政府の比率が高まっていった。そのため、経済は円滑な作用を失っていった。そこで、政府の規模を縮小し、企業や個人のあいだでの競争を強めなければならない、そうすることで経済は成長する。おおまかにいえば、これが経済面からみたネオリベラリズムの立場であろう。

賃金の差異は、能力の差ということで正当化される。市場は正常に機能しているのだし、社会は能力に応じて平等なのだから、どれほど収入に差があろうとも、それは当然のことだという考え方が、ネオリベラリズムの主張である。ネオリベラリズムは、戦後の思潮を逆転させたのである。

第二次世界大戦後、西欧諸国はのきなみ経済を急成長させた。政府の規模は、おおむね大きくなった。国営企業が増え、労働組合の力は強くなり、そのためかえって労働者は働かなくなったといわれる。そして一九七三年の第一次石油危機、一九七八〜七九年の第二次石油危機によって、西欧経済の脆弱性が明らかになった。

最大の燃料源かつ生活に必要な資源の供給源であった石油価格が高騰し、省エネルギー化が必要となったものの、労働組合の力が強い西欧では、エネルギーを節約する方向での労働者の配置転換が難しかった。省資源型経済への転換は、日本やアメリカほどにはうまくいかなかったのだ。労働組合は賃下げを拒否してインフレ率以上の賃上げを要求し、そのためにさらにインフレが激しくなった。そればかりか、失業率も高かった。

西欧経済は、明らかに停滞の時代を迎えたのである。このような状態で台頭したのが、ネオリベラリズムの考え方であった。

†サッチャー内閣

イギリス保守党の政治家マーガレット・サッチャー（一九二五〜二〇一三）は、一九七九年にイギリス首相になった。「鉄の女」と呼ばれたサッチャーは、ネオリベラリズムの精神にのっとり、イギリス社会を根底から変えようとした。その政策は、「サッチャリズム」と名づけられた。

戦後のイギリスは、ヨーロッパでもっとも経済成長率が低い国であった。しかも、ストライキの多発による経済的損失をかかえていた。「揺り籠から墓場まで」といわれる経済政策によって福祉制度は整ったものの、政府支出は大きく膨らんだ。このような現状を打破し、強いイギリス経済を復活させることが、サッチャーの目標となった。

サッチャーは、小さな政府、ネオリベラリズム、自助努力を強調した。その背後にあった経済思想は、ミルトン・フリードマン（一九一二～二〇〇六）やフリードリヒ・ハイエク（一八九九～一九九二）であった。彼らは、市場に任せられることは可能な限り市場に任せるべきだという立場をとり、ケインズ主義政策を否定した。

サッチャーはネオリベラリズムに立ち、大幅な規制緩和をし、小さな政府を求め、市場原理主義を重視した。さらに、イギリス人が働かない原因となっている社会保障を大きく縮小し、財政支出を抑制した。

第二次世界大戦後から一九六〇年代にかけ、イギリスでは企業の国営化が進んでいった。そのため製造業だけではなくサーヴィス部門も弱く、サッチャーは、そのために国際競争に打ち勝つことができないと考えた。彼女は、鉄道、炭坑、発送電、鉄鋼、電信・電話、社会保険、医療、さらに教育の大部分と住宅の相当部分という国営化されていたものを民営化した。このような動きは他国にも見られたが、「揺り籠から墓場まで」という福祉政策をとっていたイギリスだからこそ、ネオリベラリズムの経済政策が他国に与えるインパクトは強かった。

イギリスの経済成長率は、一九八〇～八八年においては、年率約四パーセントであった。失業率は高く、一九八二～八七年には、一〇パーセントを超えた。これは、当時のドイツやフランスよりも高い（オルドクロフト二〇〇二）。したがって、サッチャーの政策は、経済成長率を見る限り、失敗したと結論づけられよう。

サッチャーは、経済停滞の要因の一つとされた労働組合を弱体化させた。その結果、賃金上昇が抑制され、解雇が容易になり、ストライキの数も激減した。そのため、企業の生産性が上昇したが、労働者の権利については大幅に後退した。

彼女はさらに外国企業誘致を推し進め、日本企業、アメリカ企業、西ドイツ企業などがイギリスに進出した。外国企業がイギリスに工場を建てると、労働者の雇用が増える効果があったからである。

サッチャーはまた、後述するように、一九八六年に金融ビッグバンを導入した。市場の効率性や流動性を高めることを狙い、売買手数料が自由化され、証券取引所会員の外部資本への開放がなされ、銀行と証券会社の兼業が許されるようになった。

金融ビッグバンによって、ロンドンの金融市場は活性化された。また中小の証券会社は外国資本の傘下に入ることになったが、ロンドンの金融街であるシティは活気を取り戻した。しかし、製造業はあまり回復しなかった。たとえば一九六〇年にイギリスは、アメリカ、西ドイツに次ぐ世界第三位の自動車生産国であったが、現在では、先にも述べたようにイギリスの主要自動車会社は、すべて外国の自動車会社の傘下に入っている。ここに見られるように、イギリスの製造業はまったく衰退してしまったのである。サッチャーは製造業の復興を軽視したわけではなかったが、現実に成功したのは、金融業の再興であった。

サッチャーは、たしかにイギリス経済全体を回復させようとしていたが、現実には、サッチャー改革で蘇ったのは金融業だけだった。

サッチャーの改革は、プラス面とマイナス面の両方で大きな遺産を残した。たしかに金融ビッグバンでイギリスの金融業は蘇ったが、そのために世界の所得格差は大きく広がったのである（これについては、第5章で詳しく述べたい）。

そもそもネオリベラリズムの考え方自体、旧来の製造業を中心としており、金融業がこれほど発達するとはハイエクとフリードマンは考えていなかったのではないだろうか（彼らが現在の格差社会をそのまま容認するかどうかは、筆者には疑問である）。

ネオリベラリズムを支持した政治家の問題点とは、人々の所得が比較的平等である大衆消費社会から不平等になる金融社会への移行の意味を深く考えなかったことにある。大衆消費社会であれば成功したかもしれないネオリベラリズムにもとづく経済改革は、金融社会の時代に実行されたため、所得格差をもたらすことになってしまったと考えられる（以下、金融の自由化については Helleiner, 1994と https://www.fsa.go.jp/p_mof/big-bang/bb1.htm を参照のこと）。

†イギリス版金融ビッグバン

一九世紀後半から第一次世界大戦がはじまる一九一四年にかけて、金本位制により世界金融の中心であったイギリスであったが、証券取引所の株式売買額は、ニューヨークの一三分の一、東京の五分の一に低下していた。そこでイギリスは、証券業務を中心に大胆な金融自由化の改革をおこなった。これを、金融ビッグバンという（玉木二〇一九を参照のこと）。

イギリスの金融ビッグバンは、一九八六年にはじまった。この改革の骨子は、単一資格制度（取引所会員のなかで、自己の勘定で売買をするジョバーと、顧客の注文の媒介をするブローカーとの兼業）の廃止、手数料の自由化、イギリス証券取引所会員権取得条件の緩和という三点にあった。これらにより、イギリスは証券業を中心とする金融業の力をふたたび獲得しようとしたのである。

さらに、オフショア（海外）とオンショア（国内）の金融市場の統合をはかった。それは、次の二つの手段によって可能になった。イギリスは、すでに一九七九年に、四〇年間続いた為替相場の管理を廃止しており、それにより国際資本移動を完全に自由化した。それは、ケインズ主義的な需要管理政策からの決別であり、ネオリベラリズム政策を採用するという意思の現れであった。経済の管理そのものが人間の自由を奪うという考え方は、ネオリベラリズムの特徴であった。サッチャーの経済思想に大きな影響を与えていたハイエクも、国家の為替管理には反対していたことは広く知られる。

この決定は、イギリスの実業界や金融界によって強く支持された。イギリスの年金基金と保険会社は、国際的な活動をしたいというだけでなく、変動相場制のもとでポートフォリオ（金融商品の組み合わせ）を多様化したいと考えた。さらに重要なことに、イングランド銀行は、為替管理をなくせば、より多くの資本がロンドンに流入するのではないかと考えた。世界の金融センターとして、ロンドンがふたたび登場する絶好の機会だととらえたのである。

第二に、この決定で、イギリスと世界の金融市場が一体化することになった。そのため、ロンドン証券取引所に海外からの証券会社が参加するようになった。同時に、海外からの参入を容易にし、他の金融センターとの競争に打ち勝つために、為替の一律の手数料は廃止された。実際、この頃には、ロンドンの投資家がニューヨークで取引をするのが日常的光景になっており、ニューヨークに匹敵するだけの条件を出さない限り、ロンドンの金融市場の地位はますます低下すると思われた。ネオリベラリズムの思想にもとづいた金融の規制緩和により、ロンドン、さらにはイギリスの金融上の地位は上昇することになった。

†金融規制緩和——アメリカの場合

アメリカでロナルド・レーガンが大統領になったのは、一九八一年のことであった。レーガンは、強いアメリカの回復を目指し、軍事費を増加させた。さらに、金持ちに税金を多くかけてはいけないというネオリベラリズムの信条にもとづき、税金を削減した。そのためアメリカの歳入不足は、一九八一年には九〇億ドルだったのが、一九八三年には二〇七〇億ドルに達した。

これほど巨額の赤字であれば、民間の金融市場を圧迫することもありえたが、巨額の外国資本が流入したため、それは免れた。アメリカの貿易赤字と財政赤字は、「双子の赤字」と呼ばれる。一九八二年以降のアメリカ経済の急速な成長にともなって生じた対外的な経常赤字の増加に資金を提供したのは、外国からの資本流入であった（オルドクロフト二〇〇二）。

外国の投資家は、熱心にアメリカの金融市場に投資した。彼らは、高金利であるアメリカ国債を購入した。そのため短期間のうちにアメリカに外国資本が流入することになり、ドル高が生じたため、輸出は困難になり、貿易赤字は拡大した。にもかかわらず、高金利のために、アメリカの金融市場は成長したのである。

アメリカはこの時代に、過去のどの時代よりも、外国の中央銀行ではなく外国からの民間の資金支援に依存していた。アメリカが、世界中の民間資金を集められたのは、グローバルファイナンスをアメリカが牛耳っていたからである。衰えたとはいえ、アメリカの金融力は、依然として世界一だったというわけだ。

一九八三〜八四年には、開かれた経済システムが、明らかにアメリカに有利な結果をもたらすようになった。アメリカへと外国からの資本が流入するという状況を、とくに財務省が意識するようになった。さらに、アメリカの金融資産と金融市場を外国にとって魅力的にするために、一九八四年、外国人のアメリカ国債所有者に対して、利子所得への三〇パーセントの源泉徴収をやめるよう、財務省は議会に訴えかけたのである。そのために、ヨーロッパの国債に向かっていた投資が、アメリカに向かうようになった。アメリカ金融は国際化することで、大きな利益を得ることができたのである。

†ヨーロッパの金融自由化

イギリスに続いて、大陸ヨーロッパ諸国も金融の自由化と規制緩和を進めていった（オルドクロフト二〇〇二、中川一九九二を参照）。フランスでは、ミッテラン大統領が一九八四年に金融改革プログラムを開始した。同年に施行された新銀行法により、フランスは、預金金利規制の漸進的な緩和をふくむ金利自由化を進めた。

さらにフランスでは一九八八年の証券市場改革に関する法律の施行により、銀行が証券業務に参画することができるようになり、一九九二年からは、証券業者の証券取引独占が廃止され銀行などは直接、証券会社を設立して証券流通市場に参入することが可能となった。

西ドイツ政府も一九八〇年代半ばに金融制度の自由化と規制緩和を開始し、それ以前のドイツ金融の自主性を重視する立場を逆転させた。そのため、ドイツの通貨であったドイツマルクの国外での使用をむしろ促進するようになったのである。

デンマークは一九八四年に、オランダは一九八六年に、国外から流入する資金のコントロールを停止した。

このような動きは、当時のECの動きと並行しておこった。それは、将来の単一市場、単一通貨使用に向けての必然的な行程であった。

一九八六年の単一欧州議定書では、単一市場を創設するためには、資本移動を自由にすることが重要であると書かれていた。フランスの経済学者であり、欧州委員会の委員長であったジャック・ドロールは、委員会が追求すべき目的としてもっとも重要なことは、資本を自由に移動できることだと主張した。

ドロールはまた、EC加盟国に対し、一九九二年に設定されている単一市場の形成以前に、資本移動を自由化させるべきだと論じた。一九八五年八月には、ヨーロッパ諸国は、ユニット型投資信託などの合同運用型ファンドが、EC内部では国境に関係なく自由に投資されるべきだということに同意した。

一九八七年一〇月に欧州委員会が作成した指令の草稿では、ECに加盟しているすべての国は、どんな資本も自由に移動することを認めるべきであるということが書かれていた。欧州官僚理事会は、一九八八年六月二四日にそれを認め、EC加盟国は、一九九〇年半ばまでに、すべての資本管理を除去すると約束した。

マーストリヒト条約によって、一九九三年にEUが正式に結成されることになった。EUでは単一市場、単一通貨（ユーロ）を目標としていた以上、ECの時代に、すでに資本の移動の自由を完成させようとしていたのは当然であった。しかしそれ以外の点でも、ヨーロッパ諸国はヨーロッパ市場における経済競争にさらされているのだから、資本の移動を自由化し、国内により多くの資本を流通させようとするのは当然のことであった。

†日本の金融ビッグバン

日本の銀行は、長いあいだ「護送船団方式」といわれる方式により、製造業とは大きく異なり、他国との競争にはあまりさらされることはなかった（以下、本項は大蔵省ウェブサイト「金融システム改革（日本版ビッグバン）とは」https://www.fsa.go.jp/p_mof/big-bang/bb1.htm と Helleiner1994にもとづく）。金融行政を担ってきた大蔵省や金融政策を司る日本銀行は金融業界を「金融安定化・産業保護政策」という口実によって保護し、「護送船団方式」によって金融機関の倒産（破綻）を防ぎ、経営を安定させ、預金者を保護し、他産業に比較するとはるかに多くの行政指導をおこなってきた。しかし、このようなシステムが、崩壊する日がやってきた。

一九八〇年代になると、東京は世界三大金融市場の一つになった。日本の金融市場は他国に対して閉ざされており、外国からの影響力は少なかった。高度経済成長時代の日本人の貯蓄率は高く、おおむね二〇パーセントを超えていたので、日本の企業は外国から資金を借りることなく、日本の銀行から資金を調達すればよかったのである。しかしその様子は、大きく変わった。外国との関係がかなり強まったのである。

一九八四年、日本の経常収支黒字額は三四〇億ドルにまで増加した。その一因は、一ドル＝二五〇円程度という円安ドル高傾向にあった。しかし、翌一九八五年に各国がドル高是正を目指すプラザ合意がなされ、日・米・英・西独・仏のＧ５が、それぞれの通貨を一〇〜一二パーセント切り下げる決定が下された。日本は一ドル＝二〇〇円の円高も容認されることになった。円高は進み、一九八七年には一ドル＝一四〇円に迫るまでになった。にもかかわらず、一九八〇年代の終わり頃には、日本の銀行は、世界最大の銀行資産を有するまでになった。このころの日本はバブル経済の最中であり、地価を中心に日本の資産価値は急上昇していた。このような状況においては、外国からの報復の可能性があり、金融の自由化は不可避であった。

バブル経済は一九九一年に終わり、その後日本経済は停滞の時期を迎えた。日経平均株価は一九八九年一二月二九日に三万八九五七円四四銭になってから、あとは下り坂を迎えるだけであった。しかし、世界的な金融自由化の時代にあって、日本が例外であるわけにはいかなかった。

一九九六年、橋本内閣は「日本版金融ビッグバン」を打ち出した。これは、フリー（自由）、フェア（公正）、グローバル（国際的）の三原則を掲げ、二〇〇一年までに、東京市場をニューヨークやロンドンに匹敵する国際的な金融・証券市場とすることを目指すものであった。そのため護送船団方式は放棄され、一九九八年に制定された「金融システム改革のための関係法律の整備等に関する法律」（金融システム改革法）をはじめとする法整備がおこなわれ、銀行本体での投資信託販売が解禁され、証券会社が免許制から登録制へと移行し、株式売買の委託手数料の完全自由化などが実現された。しかし、当初の目標を達成することはできず、グローバル金融センターとしての東京証券取引所の地位は、アジアにおいて香港やシンガポールよりも低いのが現状である。

†ニュージーランドとオーストラリアの金融自由化

ニュージーランドとオーストラリアにおいても、金融の自由化は進んでいった。それは、一九八〇年代半ばにはネオリベラリズムが両国で大きな勢力になっていたからである。ネオリベラリズムは、個人によっても、さらには多国籍企業によっても支持された。ネオリベラリズムの流行は、イギリス、アメリカ、ヨーロッパ諸国、さらには日本と同じ現象であった。

このような状況において、一九八四年にニュージーランドの財務大臣に就任したのは、ロジャー・ダグラスである。彼が財務大臣に就任する以前のニュージーランドでは、激しいインフレが生じ、国民一人当たりの負債額は世界有数であった。ニュージーランドにおいて、労働党に所属していたロジャー・ダグラスは、「ロジャーノミクス」と呼ばれる、イギリスのサッチャーに似たネオリベラリズムにもとづく市場原理を重視する政策をとった。

農業と消費者への補助金は徐々に削減され、やがて消滅した。金融市場の規制は取り払われることになり、ニュージーランドは初めて、変動相場制へと移行した。さらに、外国為替管理も撤廃されることになった。ダグラスは、財政赤字解消を目標として消費税を導入した。税率は当初一〇パーセントであったが、すぐに一二・五パーセントへと引き上げられた。そして法人税は、四八パーセントから三三パーセントへと下げられた。

オーストラリアにおいても、同様のことが生じた。一九八三年には、オーストラリア労働党のホークが首相となった。彼は経済構造改革を進め、金融の自由化、さらには国営企業の民営化を推進した。また財務大臣のポール・キーティングはアメリカを訪れたが、それはアメリカの金融システムを学ぶためでもあったと思われる。

キーティングは帰国後、オーストラリアドルを変動相場制に移行させ、為替管理をやめさせた。このような動きは、ネオリベラリズムの考え方にもとづき、経済成長のための障害となっているものを取り除き、実業界が気に入るように働きかけたものであった。キーティングの行動はオーストラリアの実業界の支持を得たばかりか、現実に、当時の世界経済の風潮に則したものであった。

†金融社会になじまない経済思想――ケインズ政策とネオリベラリズム

このように、世界各地で金融の自由化、規制緩和が進んだ。それは、ブレトンウッズ体制への反省から出たものであった。

ブレトンウッズ体制はアメリカの経済的ヘゲモニーを前提としており、それが崩れたなら維持できない体制であった。そしてブレトンウッズ体制の崩壊によって、金融の自由化への動きが出てきた。あるいは、少なくとも促進された。

ブレトンウッズ体制の根幹をなした経済政策は、ケインズ主義的な需要管理政策であった。需要が足らないのなら（有効需要の不足）、需要を拡大すればよい。有効需要の大きさは、総供給と総需要とが均衡するところで決定される。有効需要を拡大するには、政府が公共事業を拡大させて失業率を下げる。そうすれば、労働者が商品を購入するため、新しい需要が喚起される。そういう政策である。

だが、このような考え方が、金融部門が大きくなった社会にうまく適合するだろうか。公共事業の有効性は、第二次産業の重要性が現在よりもずっと大きかったブレトンウッズ体制の時代にこそ発揮された。この点から見るなら、いま述べたような需要管理政策は、現在では、かつてほどの重要性を失っているといわざるをえない。

金融の自由化の背景にあった経済思想は、フリードマンとハイエクの思想である。彼らは、市場原理の有効性を信じ、政府による経済への介入は最小限にすべきだと主張した。大きな政府がよいのか小さな政府がよいのか、答えは簡単には導き出せない。それは、時代と国によって異なるであろう。しかし、第二次世界大戦後から一九七〇年頃までは、世界経済はむしろ大きな政府を志向することで成長したのであり、そのようなシステムでは経済がうまく運営できなくなったのが、一九七〇年代の特徴だと見るべきであろう。

筆者の考えでは、フリードマン、ハイエク、さらにケインズは、第二次産業が重要である時代の経済思想であるという点で共通している。金融部門が、これだけ大きくなり、グローバル経済が金融資本によって強く結びつけられることを、彼らは想定していなかったのではないかと思われるのだ。

3　金融化と不平等社会

†不平等はいつはじまったのか

図3-2は、イギリス、アメリカ、フランス、中国、ロシアの上位一パーセントの富裕層の人々が占める富の比率を示している。なお、ここでいう「富」とは、すべての資産と債務のことである。付け加えるなら、市場で取引されるあらゆる形態の富であるが、耐久消費財は含まれていない（以下、本項の議論はZucman, 2019にもとづく）。

これらの国々では、二〇世紀が進むにつれて平等化が進んでいったが、ここ一一〇年間に限定するなら、おおむね一九八〇年代から不平等化傾向へと変化していったことが読み取れる。

アメリカにおいては、もっとも富が多い上位一パーセントが家計の富の四〇パーセント近くを保有する。イギリスとフランスでは、富の不平等性は、アメリカやロシア、中国ほどには上昇していない。両国ともに不動産価格が上昇し、そのためミドルクラスの人々の

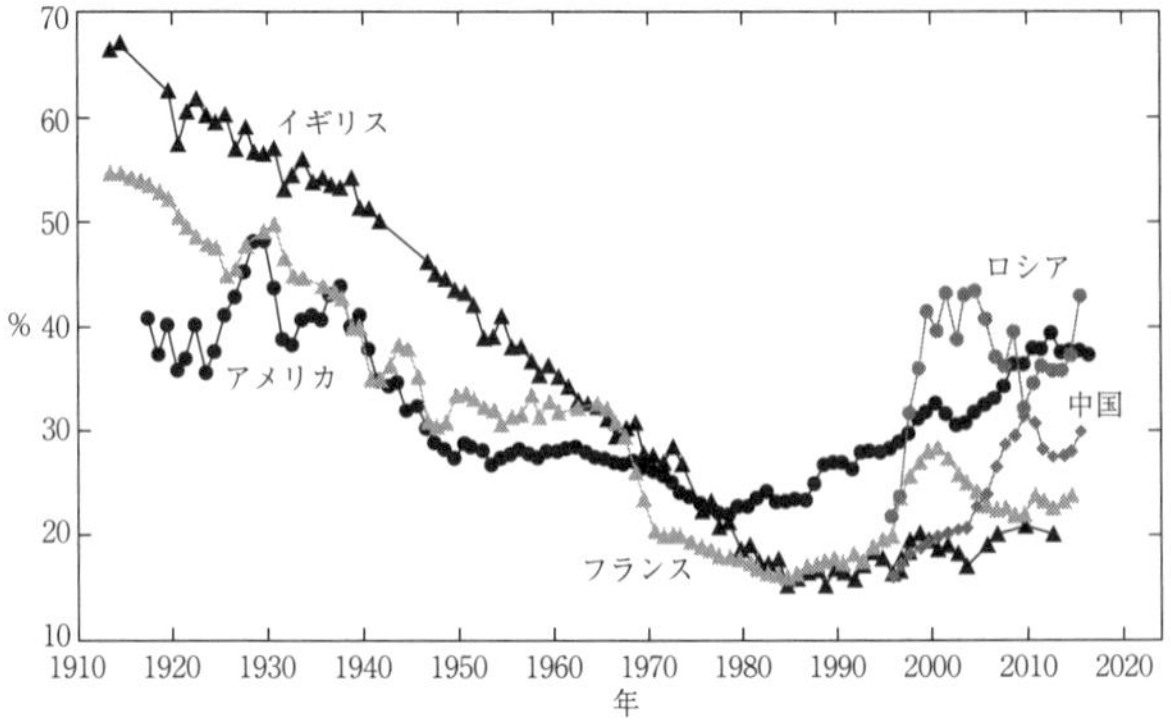

図3-2　イギリス、アメリカ、フランス、中国、ロシアのトップ1パーセントの富裕層の人々が占める富の比率
出典：Gabriel Zucman, "Global Wealth Inequality", *Annual Review of Economics*, Vol. 11, 2019, p.124.

資産が増えたからである。しかしその反面、不動産を所有できない貧しい人々の資産価値は、相対的に低下した。

世界全体を見ると、富はかなり集中している。一九八〇年には、中国、ヨーロッパ、アメリカを合計すると、トップ一パーセントがすべての富の二八パーセントを保有していた。二〇一九年には、その比率は三三パーセントになった。一方、底辺の七五パーセントが保有するのは、この時期にはおおむね一〇パーセントであった。

アメリカでは、富の集中度は高く、一九二九年にはもっとも豊かな〇・一パーセントの人々が、すべての富の二五パーセント近くを所有していたが、富の集中は一九三〇年代初頭から七〇年代末にかけて低下した。この約五〇年間で、もっとも豊かな〇・一パーセントの人々の富は半分以下のシェアになり、一九七〇年代末にはおよそ六パーセントになった。しかし、それからまた上昇し、二〇一九年には、ほぼ二〇パーセントである。

このように、富の偏在は二〇世紀が進むにつれて低下していたのに、一九八〇年代以降はまた上昇していったのである。それは、大衆消費社会から金融社会への転換によって生じたと考えられよう。所得格差は、ミドルクラスの減少をもたらす。社会とはごくわずかの裕福な人と多数の貧しい人から成立するようになり、そのため社会の安定は失われる。

ではそれは、具体的にはどのようなメカニズムによって生まれたのだろうか。

✝オフショアの役割

金融用語で「オフショア」とは、非居住者に対する「租税環境の優遇国あるいは優遇地域」のことをいう。それに対し「オンショア」とは、取引するどちらかが国内の投資家や企業である場合をいう。したがってオフショアとは、ある二国間の企業で取引がなされるときに、この二国とは関係のない地域の金融市場を使うことをいう（本項の議論は、Alstadsæter, Johannesen and Zucman, 2017 にもとづく）。

オフショアを使うのは基本的には、金融規制や税制の面において、合法的に優遇措置を受けられるからである。オフショアとは、資本が蓄積される自国とは違う地域ないし国家も指す。そのような地域は、投資や事業を通して収益を得ても税金がかからなかったり、通常より少なかったりといったメリットを受けられるタックスヘイヴン（租税回避地）となり得る。

タックスヘイヴンは、世界にいくつも存在する。代表的なものとして、スイス、ルクセンブルク、チャネル諸島（英仏のあいだに位置し、イギリス王室属領）、香港、カリブ海の島々などがある。少なくとも、世界の世帯がもつ金融上の富のうち八パーセント、すなわち、世界のGDPの一〇パーセントに相当する規模がオフショアで所有されていると推計されている。

しかし、このGDPに占めるオフショアの富の割合はヨーロッパ大陸においては、一五パーセントに上昇する。ロシアの場合も一五パーセントに達し、湾岸諸国（イラン、イラク、クウェート、カタール、バーレーン、アラブ首長国連邦〔UAE〕、オマーン）、さらにベネズエラにおいては六〇パーセントに達する。

図3-3は、各国のGDPに占めるオフショアの富の割合を表す。世界平均が九・八パ

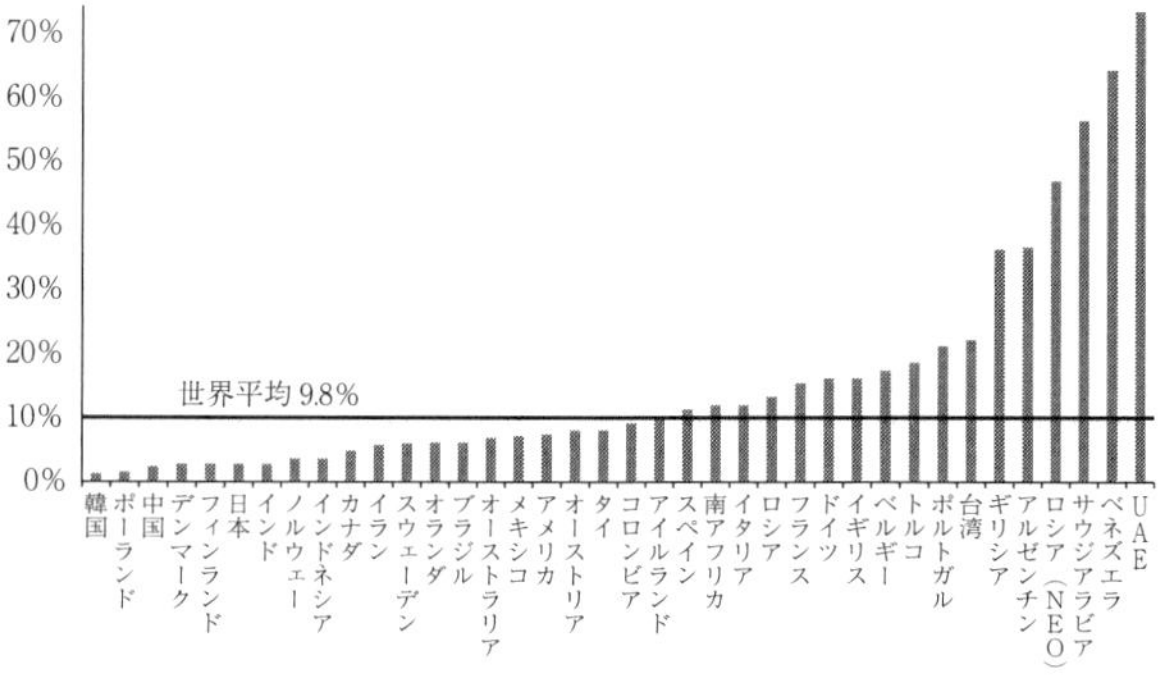

※ロシア（NEO）とは、ロシアに関する別の推計。

図3－3　GDPに占めるオフショアの富

出典：Annette Alstadsæter, Niels Johannesen and Gabriel Zucman, "Who owns the Wealth in Tax Havens? Macro Evidence and Implicatios for Global Inequality", NBER WORKING PAPER SERIES, Working Paper 23805, September 2017, Figure 5.

ーセントであるのに対し、UAEとベネズエラ、サウジアラビアでの比率が途方もなく高いことがわかる。どの国も、石油に大きく依存した経済体制をとっている。その資金が海外へと流れたと考えるのが妥当であろう。

ロシアの富は、キプロスを通じて第三国に投資されることが多いと推測される。キプロスは二〇〇四年にEUに加盟したため、仮にキプロス人をダミーとして使うなら、オフショアを利用することは比較的簡単になるのではないかと推測される。

オフショアの富は、かなり特定の人々に集中している。世界のトップ〇・一パーセントの富裕層が八〇パーセントを所有しているのである。さらにトップの〇・〇一パーセントが五〇パーセントを所有する。

それを加速化しているのが、ペーパーカンパニーの存在である。ペーパーカンパニーを利用して資金を移転するため、オフショアの実態はなかなかわからない。それでもたしかなことは、イギリス領ヴァージン諸島（ＢＶＩ）、パナマなどのカリブ海や中央アメリカの国がオフショア市場としての地位を高めていることである。

とりわけ二〇〇〇年代中頃から、ペーパーカンパニーは増加した。それは、グローバリゼーションと金融の自由化が進み、金融の点でも世界の一体化が進んだことが大きな要因であった。オフショアは別言すればタックスヘイヴンのことであり、タックスヘイヴンを利用する傾向は、二〇〇八年のリーマンショック以前にすでに見られた。それは現在もなお、続いている。

第一次世界大戦以前には、タックスヘイヴンはほとんど存在しなかった。なぜなら、所得税も富裕税もまだ少なく、せいぜい数パーセントであったからだ。国境を越えた富の管理がおこなわれるようになったのは、一九二〇年代のことであった。だが、一九八〇年代までは、タックスヘイヴンといえるのはスイスくらいであった。タックスヘイヴンが大きく増えたのはその後のことであり、それは、オフショアの取引額が高まったためである。

†タックスヘイヴンの増加

一九八〇年代になると、スイス以外にもタックスヘイヴンの地が生まれた。香港、シンガポール、ジャージー（英仏海峡のチャネル諸島の一つ）とバハマ諸島などである。これらのタックスヘイヴンでは、スイスのジュネーヴと同様、プライヴェートバンク（経営に無限責任を負う個人向け銀行家）のバンカーが富裕層のために仕事をした（本項と次項の議論は、サエズ、ズックマン二〇二〇にもとづく）。

プライヴェートバンカーは、外国の顧客のために証券と債権のポートフォリオを保有し、配当金と利子を集め、投資のためのアドヴァイスなどサーヴィスを提供し、配当金、利子、キャピタルゲイン（株式や債券など、保有している資産を売却することによって得られる売買差益）、富、相続財産にかかる税金を支払わなくてすむ方法を考えようとしたのである。

一九二〇年代からは、租税回避行動は主としてスイスの銀行がしていたのだが、一九八〇年代以降、世界のいくつかの地域にあるタックスヘイヴンがおこなうようになっているのである。より正確にいうなら、タックスヘイヴンのあいだである種の分業体制が出来上がっていった。スイスは有価証券管理に精通し、ルクセンブルク、イギリス領ヴァージン諸島（BVI）、パナマは、それ以外の金融サーヴィスを提供するようになったのである。ここで大きな働きをするようになったのが、ペーパーカンパニーである。

だが、先ほども述べたように、その活動を捕捉することは容易ではない。国際決済銀行（The Bank for International Settlements）統計は銀行預金だけしか記録しておらず、エクイティ（株式や自己資本）、債券、投資信託のポートフォリオは記載されていない。とはいえ明らかなことは、二〇〇〇年代から、ペーパーカンパニーを使った租税回避行動が頻繁におこなわれるようになってきたことである。

現在は、必ずしも銀行を通じて投資がなされるわけではなくなっている。預金者自身が株式や債券を選び、銀行に売買の注文を出すということはあまりない。彼らは、現在では、そのようなことは、専門的な投資会社に任せる。投資会社は投資家の金を集め、それを世界中に投資する。専門家に委ねるのだから、素人の投資家以上の利益率が期待できる可能性は高い。すると投資家は、より多くの収益が上げられそうな投資会社に投資を任せることになる。裕福な人々が投資する資金は、今やスイスではなく、投資会社が活躍しているルクセンブルク、アイルランド、ケイマン諸島に向かっているのである。

タックスヘイヴンを使用するなら、投資する資金は、投資家が罰則を受けないように使用される。アメリカの証券にルクセンブルクが投資するとすれば、両国間の条約のおかげで、アメリカは証券に対して支払われる配当金に税金をかけない。ルクセンブルクでは、基金が獲得する配当金にも投資家に分配される配当金にも税金がかからない。それと同じことが、アイルランドやケイマン諸島にもいえるのである。

しかし、スイスでは、基金が分配する配当金には三五パーセントの税金がかかるのである。スイスがタックスヘイヴンとしての地位を低下させたのは、そこに原因があろう。さらにスイスでは、反マネーロンダリング法の制定により無記名口座が廃止されたので、タックスヘイヴンとしての地位は低下した。そして無記名口座に取って代わって重要になったのが、ペーパーカンパニーの使用であった。

†おわりに

本章で描いたように、一九八〇年代から、世界経済は金融化していった。より正確な表現を用いるなら、経済活動のなかで、金融が占める比率が高まっていったのである。

第二次世界大戦後の世界経済のあり方を決定づけたブレトンウッズ会議では、アメリカを中心とする体制が形成された。一九七〇年代までは、世界経済は工業を中心としており、世界史上稀に見るほどの経済成長が達成された時代であった。西欧世界は、おおむね福祉社会となり、所得水準は平等になっていった。しかし、それは累進税率の高い、行きすぎた平等社会だという意見もあった。

その時に台頭したのが、ネオリベラリズムである。これは、市場経済を重視し、政府の役割は最小限にとどめ、能力主義を重視する思想であった。

サッチャーが採用した金融の自由化＝金融ビッグバンは、世界中で採用されることになった。そのためもあり、世界の金融市場は一体化し、資本の移動はより容易になっていった。そしてタックスヘイヴンが増加し、租税回避行動の頻度は増していった。租税回避ができるのはほぼ金持ちにかぎられるので、所得や富の格差は拡大することになった。それを正当化したのが、貧富の差は能力の差だというネオリベラリズムであった。

だが、そもそもネオリベラリズムが主張された時代は工業化社会であり、金融社会と比較すると、貧富の差が少ない社会であった。したがって能力主義をとっても、経済格差は比較的生じにくい。ところが、所得格差が生じやすい金融社会でネオリベラリズムが台頭したために、世界はますます不平等な社会になっていったのである。

第4章

砂糖の王国からタックスヘイヴンへ

――カリブ海域の変質

1　租税回避の方法

†はじめに

前章で金融化世界において重要な役割を担うタックスヘイヴンについて述べたが、その数が非常に多いカリブ海域について詳しく見てみると、タックスヘイヴンがどのようにして形成されたのかがよくわかる。結論を先取りしていうなら、それは大英帝国の盛衰と大きく関係していたのである。

ところで、租税回避行動という手段は、おそらく税金の出現とともに誕生した。だが、それが目立つようになったのは、筆者の考えでは、近世になってからのことである。日本史であれば、百姓が年貢（年貢を税金だとしてであるが）をごまかすということは、頻繁になされていた可能性がある。

国際的な租税回避行動としては、おそらく、世界中で関税を払わない密輸という手段がとられてきた。「おそらく」としかいえないのは、密輸が明らかになるのは、それが政府によって発見された時だけであって、通常、密輸はなかなか発見されないからである。

租税回避行動とは、税というものが発明されてからずっと続いている行動である。そして近世の関税を避けるという行動が、現代において、法人税を避けるという行動へと変化したのである。税を逃れるために選ばれた土地の一つは、関税の租税回避行動と同様、自治権をもったイギリスの王室属領であった。

一九世紀のイギリスは、世界最大の商船隊を有し、さらに世界全体に電信を敷設することによって、世界経済を一体化していった。それは、さまざまな地域の商品が世界中で販売されるだけではなく、世界中の金融が、ロンドンを中心として結合されたということでもある。二〇世紀後半のタックスヘイヴン隆盛のインフラは、すでにこの時に完成していたのである。

そのタックスヘイヴンは、通常、大きな領土ではない。小さい土地で、これといった産業もない地域の方が、タックスヘイヴンのために利用しやすいからだ。かつて新世界の砂糖革命の中心の一つであったカリブ海諸国のなかでも極小国家であるケイマン諸島やイギリス領ヴァージン諸島（BVI）がタックスヘイヴンになった理由は、ここに見出される。

本章では、カリブ海域を中心に論じた。それは、イギリスが近代の世界経済を形成したという観点に立つなら、一八世紀イギリス経済の中核ともいえたカリブ海域の経済の変遷が、世界経済の変貌を端的に表すからである。

それは、一九世紀の消費社会において代表的な消費財であった砂糖の生産の重要性が、二〇世紀になると大きく低下し、二一世紀にはほとんど重要ではなくなったという事実と強く関係していた。

世界経済のなかで金融の重要性が非常に大きくなり、租税回避をする企業数はきわめて多くなった。カリブ海域は、砂糖の王国ではなく、タックスヘイヴンへと変化したのだ。

†租税回避行動とは何か

租税回避行動は、古代の都市国家のような狭い地域ではおこりにくい。そもそも、租税を回避するために使用される土地がないからである。

したがって租税回避行動は、交易活動が活発になると生じやすくなる。その場合、どこかの島が密輸基地として使用される。現代でもそうだが中世においては、いや近世や近代になっても、そのような島々は比較的容易に発見することができた。そもそも、夜間に政府の船が密輸船を捕獲すること自体不可能に近いのである。

現在のタックスヘイヴンは、このような歴史をふまえて解釈すべきであると思われる。

タックスヘイヴンのシステムでは、いくつもの租税回避地を巧みに利用することで、支払わなければならない税をできるだけ少なくしようとする。それは、密輸の方法をより発展させたものだといえるだろう。現代の租税回避行動は、かつての密輸よりも多くの国とはるかに精巧な方法を用いている。

さらに、いくつもの国や地域を使うということは、グローバリゼーションが進展し、金融経済が発達することによって可能になったこともたしかである。歴史的に見て、タックスヘイヴンの誕生にもっとも大きな役割を果たしたのは、イギリスであった。ここでは、その具体的様相を見ていきたい。まずは、タックスヘイヴンより前の歴史を論じよう。

†密輸と税金

そもそも昔は税の種類が少なかった。ヨーロッパ史でいえば、地租（土地税）や関税、さらに、消費税が主流であった。イギリスでは、フランスとの戦争のために多額の税金が必要となった一七九八年に初めて、所得税が導入されたのである。

また、政府の支出とは大まかにいえば戦費が圧倒的に多かったわけであり、医療費や社会保障費はなかった。現在から考えれば、近世までの課税システムは、じつにシンプルにできていたのである。

地租をごまかすことはかなり難しかった。消費税は、取引の際に生じる税であるので、ここから逃れることは、地租ほど難しくはなかったであろうが、あまり簡単でもなかった。それに対し、関税の支払いから免れることは、比較的容易であった。

関税とは、輸入した商品にかけられる税金のことである。関税が高ければ、脱税しようという誘惑にかられるのは当然のことである。そのような事例が現実に存在した。ここでは、イギリスの茶の密輸に関して述べてみたい。

†スウェーデン東インド会社と茶の密輸

スウェーデン東インド会社という名称は、本国のスウェーデンでさえあまり知られていない。ましてやこの会社の役割は、さらに知られてはいない。しかしこの会社は、スウェーデンよりもイギリスにとって重要な役割を果たした（ミュラー二〇〇六）。

スウェーデン東インド会社は、一七三一年に創設され、一八一三年に解散した会社である。本拠地は、スウェーデン西岸のイェーテボリにあった。この会社が活動した八〇年余りのあいだに、一三二回のアジアへの航海が行われ、中国の広州に向かったのが一二四回、広州とインドの二カ所をめぐるのが五回、そしてインドだけに向かったのが三回である。

しかも、スウェーデンから輸出するものはほぼなく、ほとんどの航海が中国からの茶の輸入貿易に専心していた。だが、スウェーデン人は、茶ではなくコーヒーを飲む人々である。そのため、茶の多くは再輸出された。これらの茶は、まずオランダとオーストリア領ネーデルラント（ベルギー）に向かい、そこからさらにイギリスに輸送されたと思われる。

周知のように、イギリスはヨーロッパ最大の茶の消費国であった。スウェーデン東インド会社がイギリスに輸出する茶は密輸品であった。じつはイギリスが合法的に輸入できる茶は、イギリス東インド会社がインドから輸入する茶のみであった。しかしこの茶には、通常は一〇〇パーセントを超える関税がかけられていた。だからこそ、スウェーデン東インド会社が輸入した茶は、イギリスに密輸されたのである。スウェーデンから密輸された茶には、むろん税がかかっておらず、そのため安価であった。また密輸されたスウェーデン茶は低級品であり、低所得者層も入手することができた。

なお、一七八四年には、イギリスの首相ピットの減税法（Commutation Act）により、茶への税率が一一九パーセントから一二・五パーセントへと引き下げられた。そのため、イギリス東インド会社がイギリス人に供給する茶の価格は低下したのである。ここに、スウェーデン東インド会社による密輸は消滅した。

†フランスからイギリスへの密輸

一八世紀のフランスは、大西洋貿易ではイギリスと争うほどに貿易量を拡大した。そしてフランスも英蘭と同様、東インド会社を創設（一六〇四）し、一六六四年に、それは国営会社となった。さらに一七一九年には、インド会社と改称され、アメリカとインドの両方の貿易をおこなったが、一七三一年にはアフリカとルイジアナが切り離され、ふたたび東インド貿易に専念することになった。

フランス東インド会社のフランスにおける根拠地は、ブルターニュ地方のロリアンにあった。同社の東アジアの拠点としてはインド東南部のポンディシェリや東北部のシャンデルナゴルがあった。この会社は、茶の輸入で大きな役割を果たした。しかも、イギリスにその茶を密輸していた。

フランスの茶の輸入量は、一七世紀終わり頃は一〇万ポンドであったが、一七世紀後半には二〇〇万ポンド弱へと急増した。

いうまでもなくフランスは、茶ではなく、コーヒーの消費国である。したがってこの茶は、世界最大の茶の消費国イギリスに密輸されたと考えられている。

一七四九〜六四年には、広州からフランスが輸入した総額は、年平均で一一二九万五二八八リーヴル、一七六六〜七五年は一二二八万五七三九リーヴルであり、そのうちブルターニュが占める割合は、それぞれ四二・七パーセント、五〇・二パーセントであった。一七四九〜六四年を通じて、フランスの茶の輸入のうち、ブルターニュが占める比率は八二・五パーセントで、しかも、その多くはナントで輸入されていた。一般に、一八世紀のナントは奴隷貿易の都市として知られるが、広州からの茶の輸入も重要であった（Dermigny, 1964）。

ブルターニュに輸入された茶は、主としてイギリスとオランダに輸送された。イギリスへの輸出は、多くが密輸であった思われる。オランダからどこにいったかはむろん詳らかではないが、イギリスに再輸出されたと考えるのが妥当であろう。オランダとイギリスの貿易総額は、非常に多かったからである。ブルターニュの茶は、イギリスの富裕層に飲まれたと推測されている（玉木二〇一四）。

†茶の密輸と租税回避

イギリスは、一人あたりに換算すると、おそらく一八世紀において世界最大の茶の消費国であった。しかし、その茶は、ここまで見てきたように、イギリス東インド会社が輸入したものとは限らなかった。

そもそもイギリスや、英仏海峡、さらに北海に接する国々がおこなう中国との貿易は、イギリス人の多くが茶を飲むようになったことをベースとしていた。

イギリスに輸入される茶の量は、一七八四年以前には、年間で四〇〇～六〇〇万ポンドという説があれば、七五〇〇万ポンドという意見もある。その量は、イギリス人が飲んだ茶の総量の半分に達していた可能性もある。茶は、大量にイギリスに密輸されていたのであり、それを多くの国民が飲んだことはたしかである。

密輸を促したのは、イギリスの茶に対する関税の高さであった。茶はイギリス王室属領のチャネル諸島、マン島を通って密輸された。どちらもイギリス本国の関税とは違うシステムのもとで運営されていたからである。そして、密輸茶はサセックス、ケント、サフォークさらにはヨークシャーにも到着した。

減税法により、密輸への誘惑は減った。イギリス東インド会社が販売した茶の額は、一七八三年が約五八六万ポンド、一七八五年が約一五〇八万ポンドと、大きく増加している。これは、減税で正規輸入の茶が安くなり買う人が増え、またそれにともない密輸量が大きく低下したためであろう（玉木二〇一八c）。

しかし、繰り返しになるが、減税法以前には、おそらくイギリスへの最大の茶の密輸国は先述の通りフランス、ついでスウェーデンであった。フランスからは高級茶が、スウェーデンからは低級茶が密輸入された。両国は、イギリスが世界最大の茶の消費国になることを助けたのである。密輸された茶がなければ、イギリス人は、これほどまでに茶を飲む国民にはならなかったかもしれない（玉木二〇一四）。

これは、一八世紀後半の租税回避の事例である。中国からスウェーデンとフランスが輸入した茶が、先ほども述べたが、チャネル諸島とマン島を通じてイギリスに密輸入された。チャネル諸島もマン島も、タックスヘイヴンとして有名である。これらの場所は、近世においては――おそらく近代でもそうであったろうが――、密輸基地であり、租税回避地だったのである。

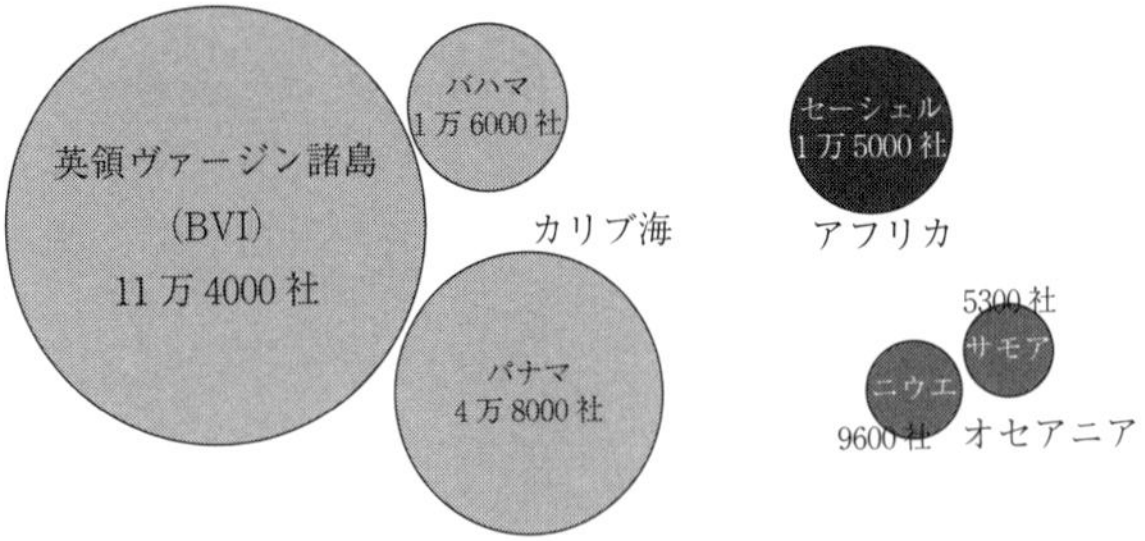

図4−1　モサック・フォンセカがペーパーカンパニーを設立した主な場所
出典：合田寛著『これでわかるタックスヘイブン』合同出版、2016年をもとに作成。

✝現代のタックスヘイヴンへ

ここから、少なくとも一八世紀から二一世紀初めにかけての租税回避とは、当人たちが高額だと思う税金を回避するためになされる行為であり、そのためにある土地を利用するのだとわかる。一八世紀には関税を回避するために、そして現在では法人税や所得税を回避するために、特定の場所が利用されたのである。しかもここからある程度推測されるように、このシステムはイギリスと大きく関係していた。

現在のタックスヘイヴンは、イギリスの帝国主義と大きく関係している。イギリスが築き上げた金融システムが、こんにちのタックスヘイヴンの基盤を形成しているのである。

たとえば合田寛は、以下のように主張する。

モサック・フォンセカ法律事務所（タックスヘイヴンの実態を暴露した「パナマ文書」を流出させた会社——引用者注）がペーパーカンパニーを作った主な場所ですが、世界の21の国・地域に及んでいます。約半分は英領バージン諸島で作られており、次いでパナマ、バハマ、セーシェル、ニウエ、サモアの順になっています。この地域には、歴史的な共通点があります。その多くがイギリスの海外領土や旧植民地などで、イギリスの影響力の強い地域なのです。

（合田寛『これでわかるタックスヘイヴン——巨大企業・富裕者の〈税金逃れ〉をやめさせろ！』合同出版、二〇一六年、一七頁）

このように、もし大英帝国がなかったなら、タックスヘイヴンはなかったかもしれないのである。イギリスは、租税回避行動に昔も今も、深く関わっている。一九世紀のイギリスが形成した金融システムが、さらに強化されて現在の金融システムの誕生へと至ったのである。

2　大英帝国と西インド諸島

†イギリスと西インド諸島産の砂糖

　では、イギリスが作り上げた金融システムはどのようにして現在の金融システムを創出することになったのか。ここでは、その疑問に対する解答を提示したい。

すでに、イギリスが大量に輸入した代表的な商品として茶を取り上げた。茶は、アジアからもたらされたものである。それに対し、ヨーロッパが新世界から輸入した代表的商品に、砂糖があった。砂糖は、一八世紀のヨーロッパで消費された商品のなかで、最大の利益を生み出したものである。ヨーロッパの砂糖消費量は大きく増加した。それは、新世界での砂糖生産量が拡大したために可能になった現象である。

　歴史上、「砂糖革命」と呼ばれる現象がある。新世界にサトウキビが持ち込まれ、砂糖の生産量が大きく増えたことを意味する用語である。新世界では、大量の砂糖が生産され、「砂糖の王国」となった。

新世界においてブラジルではじまったプランテーションでのサトウキビ栽培は、イベリア半島系のユダヤ人であるセファルディムによって、カリブ海にまで普及し、イギリス領西インド諸島でも、サトウキビの栽培が盛んになっていった。

一八世紀は、大西洋貿易が拡大した時代であった。それは、西アフリカから黒人奴隷が新世界に輸送され、彼らがプランテーションでサトウキビを栽培し、輸出され、最終的にはヨーロッパで完成品の砂糖になるという形態をとった。砂糖生産量がもっとも多かったのはブラジルであった。カリブ海諸島は、宗主国がいくつかの国にわかれていたので、それぞれの国の植民地の砂糖生産量は、おそらくブラジルよりも少なかった。

イギリスの場合、圧倒的にジャマイカに送られる奴隷が多かった。さらに、イギリスが輸入する砂糖は、ジャマイカからの輸入量がもっとも多かった。一八世紀において、イギリスにとって、西インド諸島、とりわけジャマイカからの砂糖の輸入こそが重要であった。

一八世紀になるとイギリスで茶を飲む風習が広がり、東インドから大量の茶が輸入された。その茶に入れられたのが、西インド諸島産の砂糖であった。一七〇〇～一八〇九年のあいだに、イギリスの一人あたり年間の砂糖消費量は、四ポンドから一八ポンドに伸びた。これは約一世紀間で約三五〇パーセントの増加率であり、砂糖が多くの人々に入手可能な食品へと変わったことがわかろう（玉木二〇一八c）。

イギリスが輸入した砂糖の多くは、国内で消費され、消費生活のパターンが大きく変化する「生活革命」がおこった。ここに、イギリスの消費社会が誕生したのである。生活水準の上昇を明確に示す指標として、砂糖消費量の増大があった（川北一九八三）。イギリス人の生活水準が上昇し、ミドルクラスの人々が増大した。

†イギリス産業革命と西インド諸島

他国とは異なり、イギリスは新世界で砂糖の生産にとどまらず、綿花を生産し、それを本国で最終製品にして、世界中の市場に売り出した点も注目される。他の諸国も新世界の植民地でアフリカ西岸から連れてきた奴隷を使って砂糖を生産していたが、イギリスはそれにとどまらず、新世界植民地における綿花の生産にも成功した。

綿織物は何度でも洗濯ができ、通気性がよく、暑い地域でも寒い地域でも着ることができた。綿織物の販売により、ヨーロッパはアジアとの貿易収支を黒字にすることができた。ヨーロッパは非常に長期間にわたり、アジアに輸出できる工業製品がなかったため、貿易はヨーロッパ側の赤字であったが、綿織物によって、ようやくヨーロッパ側の黒字になったのである。

イギリス製の綿織物の捺染（プリント）では、新世界に生息していたコチニールカイガラムシなどの昆虫や植物から必要な染料が採られた。それは、イギリスが西インド諸島やインドに植民地をもっていたから可能になったのである。

西インド諸島は、イギリスに砂糖のみならず、綿花、さらには綿織物製造のための染料を供給する地域になった。いわば、イギリスによって、限られた作物のみを栽培するモノカルチャー経済へと仕向けられたのであり、一つ一つの島の面積が狭いこともあり、工業発展の可能性はきわめて小さかった。

3　金融化する大英帝国

†砂糖からタックスヘイヴンへ

さて、砂糖や綿花のプランテーションが広がり、綿花を供給する地域だったカリブ海はどのような背景のもとにタックスヘイヴンへと変化したのだろうか。

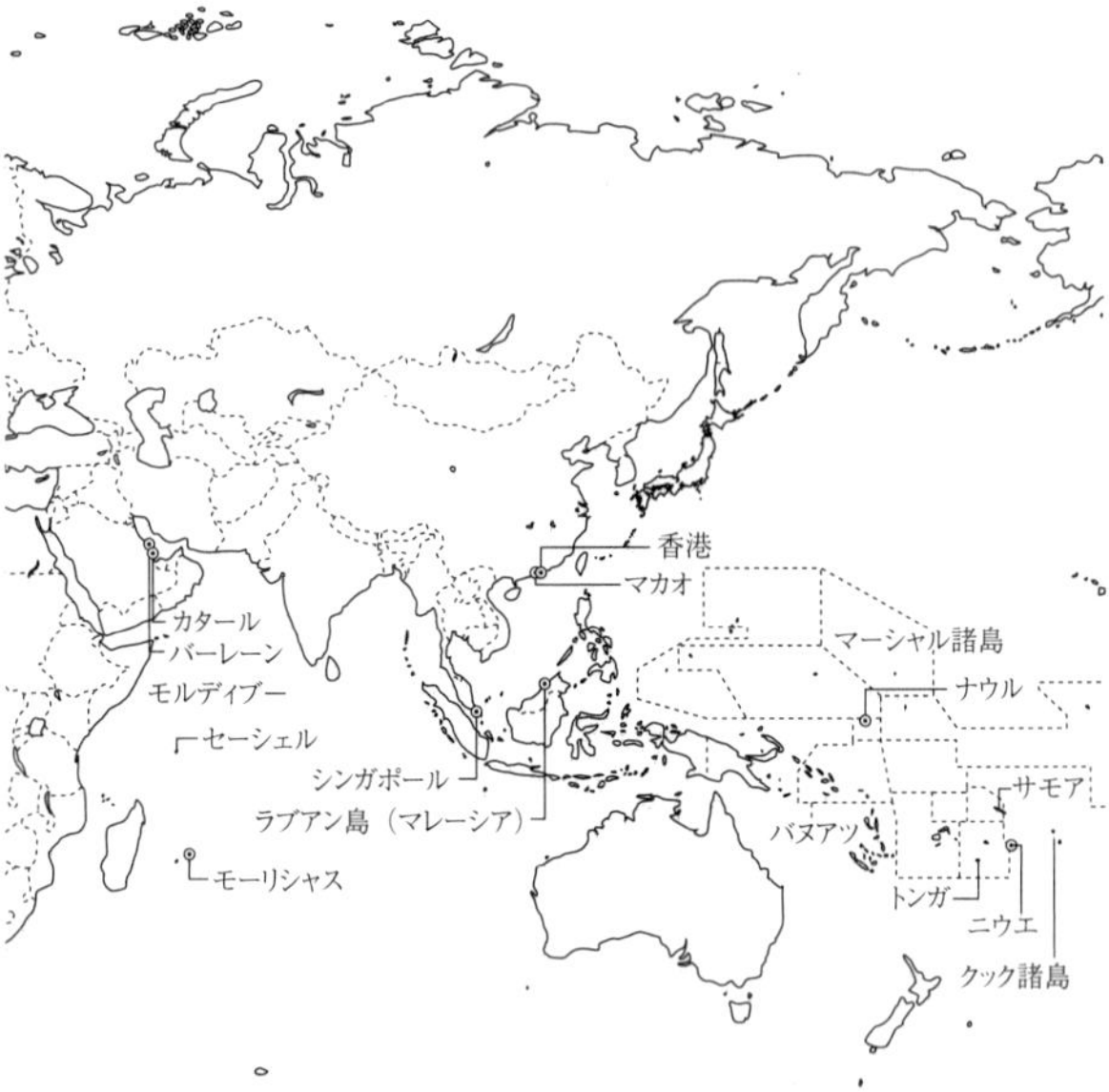
香港
マカオ
マーシャル諸島
ナウル
カタール
バーレーン
モルディブー
セーシェル
シンガポール
ラブアン島（マレーシア）
サモア
バヌアツ
モーリシャス
トンガ
ニウエ
クック諸島

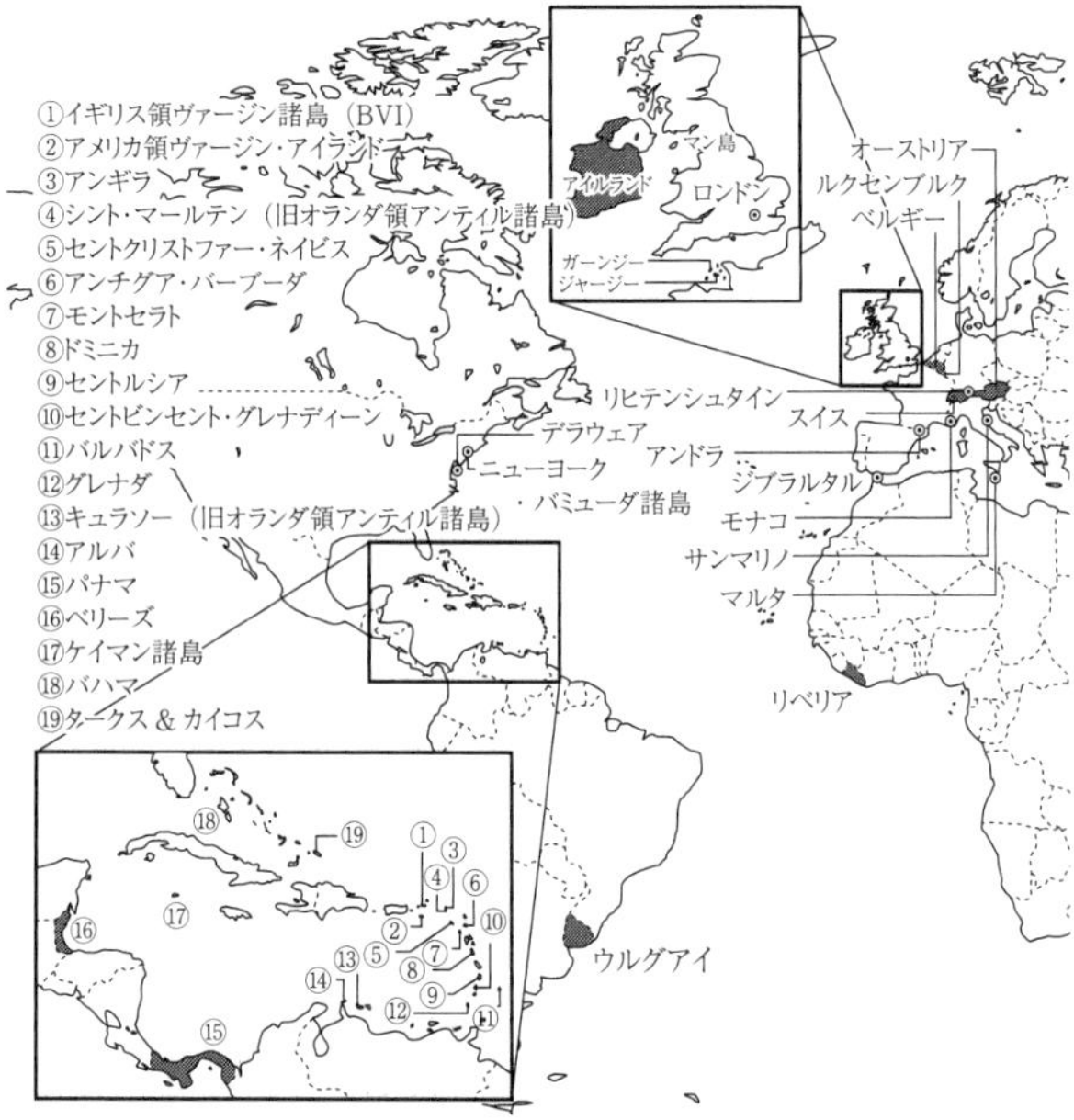

図4-2　タックスヘイヴン関連地図

出典：志賀櫻『タックス・ヘイブン』岩波新書、2013年、20-21頁をもとに作成。

図4-2は、日本の代表的なタックスヘイヴンの研究者であった志賀櫻が、二〇一二年時点でのタックスヘイヴンの場所を示したものである。一見すればわかるように、カリブ海の島々が多い。一八世紀のカリブ海域では砂糖が主要産業であったが、二一世紀になると、タックスヘイヴンとしての役割を強化したように思われる。この図からは、イギリスがいかにタックスヘイヴンと密接に関係しているのかもわかる。

単位：1,000トン

1	ブラジル	37,070
2	インド	25,500
3	EU	16,500
4	タイ	10,100
5	中国	8,230
6	アメリカ	7,902
7	メキシコ	6,466
8	パキスタン	5,365
9	ロシア	5,320
10	オーストラリア	5,000

表4-1　世界の砂糖生産量
出典：農林水産省ウェブサイト https://www.maff.go.jp/j/pr/aff/1611/spe1_01.html

だが、このリストには、一八世紀に砂糖の生産量が多かったフランス領のハイチ、イギリス領のジャマイカ、一九世紀に急激に砂糖生産量を増大させたキューバ（当時はスペイン領）は、入っていない。むしろ、砂糖生産と染料の栽培地であったが、その生産量が決して多くはなかった島々が含まれていることが目を引く。たとえば、イギリス領ヴァージン諸島がそれにあたる。

さらに、表4-1は、世界の砂糖生産量を示したものである。ここには、カリブ海の島々はまったく出てこない。サトウキビではなく、甜菜による生産が増えたため、EUやロシアが上位に食い込んでいるものの、全体的にはサトウキビの栽培ができる熱帯地方が多い。

カリブ海の島々の一部は、サトウキビの栽培、あるいは砂糖の生産からタックスヘイヴンへと変貌したのである。したがってタックスヘイヴンとは、大英帝国の遺産という側面があると考えるのが妥当であろう。

では、砂糖生産からタックスヘイヴンの地へという変化は、どのようなメカニズムによって生じたのだろうか。

†産業革命から金融社会へ

イギリスは、たしかに世界最初の工業国家であった。だがイギリスは貿易収支では、一八世紀後半から、ほとんど黒字を出すことはなく、一九世紀後半以降、サーヴィス業や金融業によって巨額の利益を得るようになったという事実がある。

図4-3は、日本の代表的なインド史家であった松井透が作成したイギリスの貿易収支の変遷図である。

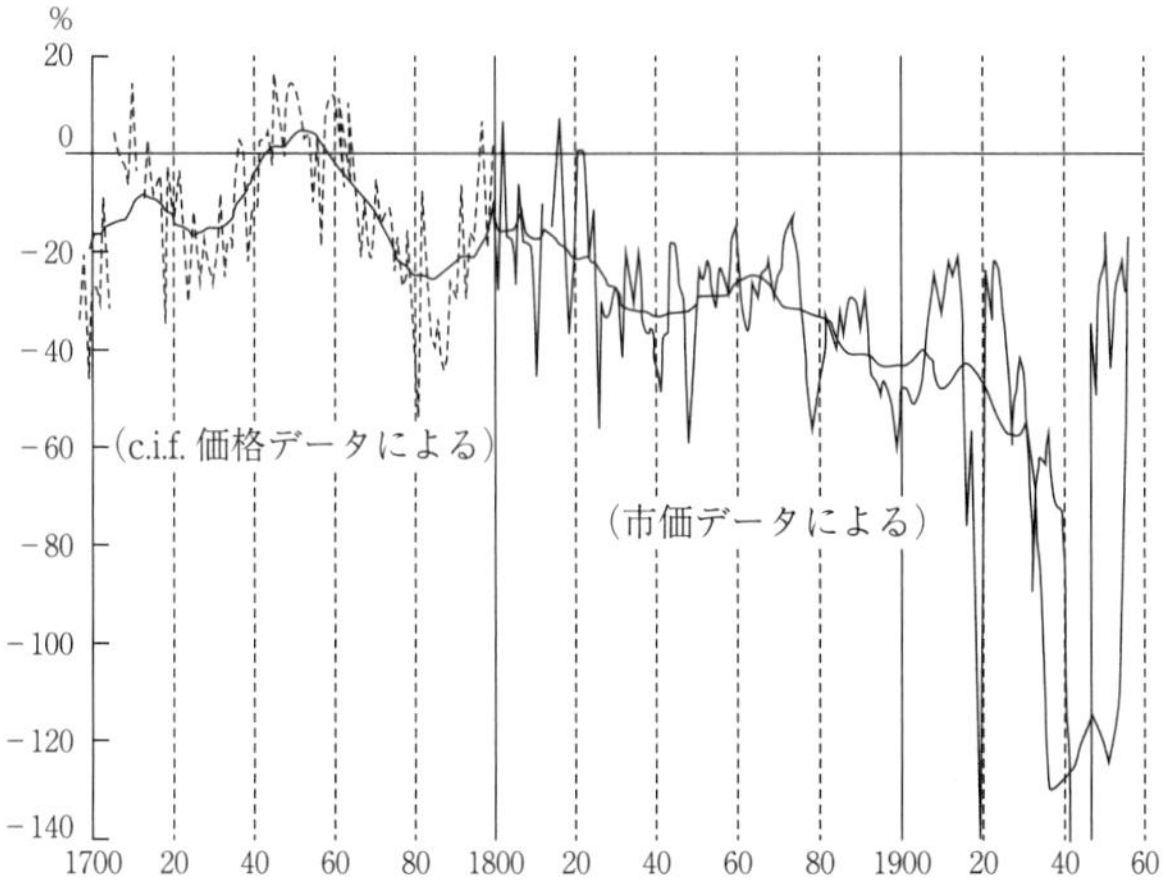

図4−3　イギリスの貿易収支（総輸出額に対する百分比）の動き
出典：松井透『世界市場の形成』ちくま学芸文庫、2021年。

この図からも、イギリスの貿易収支がみるみる悪化していたことが読み取れる。イギリスの輸出品価格は、輸入品価格以上に低下したのだ。その理由として、機械を用いた生産によって大量の綿織物が生産されるようになったので、綿織物価格が大きく低下したことが考えられる。しかも、すでに第2章で見たように、化学繊維の発達によって、綿織物自体の地位が低下していたのである。

これまでの研究では、ドイツやアメリカ、さらにはフランスに工業生産で追いつかれたイギリスは、金融業やサーヴィス業に産業の重点をシフトさせたと考えられてきた。この見方の根底には、工業こそが産業の中心だというある種の偏見があった。イギリスの帝国主義的発展はむしろ一九世紀後半にあったのだから、イギリス経済の構造転換は、イギリスの帝国化に大きく寄与し、さらにイギリスがヘゲモニー国家になった事実と関係していたと考えるべきではないか。

次節で述べるように、カリブ海域は、砂糖の生産地域から、時間をかけてタックスヘイヴンへと変わっていった。それは、一九世紀に大英帝国が金融帝国になったからこそ可能になったことであった。ここで注目すべきは、電信の発展である。電信は、金融決済のために使用され、多額の手数料をイギリスにもたらした。イギリスは、すべてが、イギリスの利益になるようなパッケージを作り上げたが、その中核に位置したのが電信だった。

イギリスは、明らかに産業国家から金融国家への脱皮をはかり、それに成功した。そのために、ヘゲモニー国家になれた。

そのイギリスは、蒸気船を使い、さらには電信によって世界経済を一体化していった。輸送コストが下がったため、世界の商品の価格差は大きく縮小した。電信は、情報伝達のスピードを飛躍的に高め、現在のインターネットのような役割を果たした。

このようなインフラが、一九世紀後半から二〇世紀前半の世界経済を支えたのである。いや、それだけではない。現在のグローバリゼーションの起源も、イギリスが形成したといえる。一九世紀のグローバリゼーションは、のちの時代のグローバリゼーションの基盤になったのである。ただし一九世紀のグローバリゼーションのベースとなったのが電信であったのに対し、二〇世紀末からのグローバリゼーションのベースはＩＴであった。

4　カリブ海域の変質

†関係国の変化

一七～一八世紀において、カリブ海域の主要商品は砂糖であった（本節の議論は、基本的に Bulmer-Thomas, 2012 にもとづく）。そして一八世紀イギリス経済の中核は、本国を除けば、砂糖を生産する西インド諸島の植民地にあった。イギリス以外にもカリブ海域に植民地を持っていた国は多かった。ナポレオン戦争が一八一五年に終わった時には、イギリス、フランス、スペイン、オランダ、デンマーク、スウェーデン、アメリカが、程度の差はあれ、この地域に経済的なだけではなく政治的影響力をもっていた。

一八七八年には、スウェーデンは植民地であるサンバルテルミーをフランスに譲渡し、カリブ海域に大きな利害関係がある国が一つ減った。一九世紀末になると、スペイン―アメリカ戦争でアメリカが勝利したため、アメリカの影響力が非常に大きくなっていった。スペイン領であったプエルトリコはアメリカ領になり、キューバは一九〇二年に独立したものの、実質的にはアメリカの支配下におかれることになった。

二〇世紀になると、カリブ海域に最大の影響を及ぼす国はアメリカへと変化し、それは、こんにちまで続いている。ただ、それがあてはまらない分野が一つある。それが金融分野なのである。

†カリブ海域からの砂糖輸出

一八二〇年のカリブ海域からの輸出額は七〇〇〇万ドルであった。砂糖は、依然としてカリブ海域最大の輸出品で、カリブ海域からの輸出額のうち五〇パーセントを占めていた。しかも、砂糖につぐのはコーヒーであり、一九世紀になっても、一八世紀の植民地経済の状況は変わってはいなかった。また、カリブ海域のなかで経済的にもっとも重要な島はジャマイカであった。

一八二〇年から六〇年にかけては、カリブ海域からの砂糖輸出量は、年平均で三・七パーセント成長した。それから一九〇〇年にかけては、四・〇パーセントの成長であった。

だが、カリブ海域のサトウキビは、世界市場で常に新しい競争相手地域・国の出現で危機に陥ることになった。サトウキビの輸出は、モーリシャス、インド、南アフリカのナタール州、オーストラリアのクイーンズランド州と、大英帝国全土で大きく拡大していたのである。

オランダでは、南米カリブ海沿岸スリナムからの供給はまったく追いつかず、オランダ領東インド（かつてオランダが宗主国として支配した東南アジア島嶼《とうしょ》部に存在した植民地国家、あるいはその領域）がより重要なサトウキビの供給地となった。フランス領カリブ海域植民地はフランス帝国の他地域の需要の増加を満たすことができず、それらの地域はフランス帝国以外から輸入することを余儀なくされた。

ヨーロッパ諸国はサトウキビの栽培をすることはできなかったが、アメリカではそれが可能であった。一八二〇年以降ルイジアナでの生産量が増加したが、南北戦争後低下したため、サトウキビの新しい供給地はハワイ諸島に見出された。

さらに、サトウキビだけではなく、甜菜の生産量も増大していった。一八六〇年には甜菜糖による砂糖生産量は、砂糖生産量全体の二〇パーセントに達した。さらにそれは、一八七〇年には、世界の砂糖生産量の三五パーセントを占めるようになり、一八九〇年には、その比率は六〇パーセントに達した。必然的に、カリブ海域産の砂糖の重要性はかなり低下することになった。

†カリブ海域の貿易

ナポレオン戦争後、ヨーロッパ諸国のカリブ海域に対する関心は低下した。他地域に帝国主義的進出をしようと考えるようになったからである。

一八三〇年から四〇年にかけては砂糖価格が上昇し、そのため輸出量が低下した。だが、一八四〇年代になると、カリブ海域の輸出額は増大した。それは三〇年間続き、年間約二・八パーセントの上昇率となった。輸出量は、一八八〇年にピークに達したが、その後低下することになった。

一九世紀中頃になると、キューバがカリブ海域の砂糖の総輸出額の約半分を占めることになった。したがって、キューバの輸出動向は、カリブ海域のそれを大きく左右することになった。キューバの輸出額は、アメリカには劣るものの、ラテンアメリカ諸国、オーストラリア、カナダ、中国、南アフリカよりは多く、ベルギーとスイスに匹敵していた。

このようななか、カリブ海域からの輸出品に占める砂糖の重要性は低下していった。金額的には、一八二〇年には五〇パーセント強になり、一八七〇〜八〇年にはピークに達し七〇パーセントほどになったが、一九世紀が終わる頃には大きく低下し、三分の一程度になった。これは、一八八三年以降、砂糖価格が急激に低下したためだとされる。砂糖以外でもっとも多いのはコーヒーであり、糖蜜である。カリブ海域は、もはや砂糖の王国とはいえなくなったのである。

一九世紀後半になると、カリブ海域からの輸出先としては、アメリカの比率が急激に増加する。一八九〇年になるとアメリカの比率が落ちたといわれるが、それでもカリブ海域からの輸出の半分はアメリカであった。アメリカの経済力が一九世紀末になると急上昇したこともあって、カリブ海域はアメリカへの依存度を大きく高めたのである。それに対し、(旧)宗主国との関係は弱まっていった。

周知のようにアメリカの大統領モンローは、一八二三年にモンロー教書を発表し、ウィーン体制下のヨーロッパ諸国がアメリカ大陸に干渉することを排除して、アメリカの孤立主義の外交原則を表明した。逆に言うと、新世界の利権はアメリカの手中にあると宣言したのであり、カリブ海域におけるアメリカの地位の上昇は、それを反映するものと思われる。

†二〇・二一世紀のカリブ海域経済

二〇世紀になると、カリブ海域におけるアメリカ経済の比重はさらに高まり、一九〇〇年代になると、カリブ海域からの輸出のうち、七〇パーセントはアメリカに向かった。

カリブ海域と欧米列強との関係は、商品による貿易と島々への投資から成り立っていた。それがおおむね第二次世界大戦まで続き、一九五〇年代からは、サーヴィス産業と観光業が発展したのである。

二〇世紀初頭から、世界の輸出貿易額は順調に上昇を続けた。途中、第一次世界大戦、世界大恐慌、さらに第二次世界大戦による中断はあったが、一九六〇年頃まで、ずっと成長し続けていたのである。

第一次世界大戦後、カリブ海域にとって幸いなことに、ヨーロッパで甜菜糖の生産が落ち込んだため、砂糖をヨーロッパに輸出することができた。しかし、甜菜糖の生産が回復すると、世界全体で砂糖の過剰供給問題が発生した。そのため、キューバは生産量を削減したが、それだけでは十分ではなかった。世界各地で砂糖の輸入割り当てが生じ、カリブ海域の諸国は、その条件を飲まなければならなかったのである。

第二次世界大戦後、一九四七年にＧＡＴＴ（関税及び貿易に関する一般協定）が締結されたばかりか、締結国の数が増えたため、自由貿易を促進する傾向がみられた。ＧＡＴＴは、一九九五年にはＷＴＯへと発展的解消をし、自由貿易の促進体制はさらに強固になった。「自由」貿易と簡単にいうが、「自由」とは、決して商品の自由な取引のことばかりではない。少なくとも西側陣営においては、旅行の自由も重要な問題であった。第二次世界大戦後には、一般の人々が国際的観光旅行に積極的にかかわっていったのである。

カリブ海域は、世界的な観光地域に変わっていった。船や飛行機でカリブ海域に行くことができるようになり、観光収入も増えていった。国外からカリブ海域を訪れる観光客は、一九九五年には一四〇〇万人であったが、二〇一七年には二六〇〇万人になった。二〇〇五年から一七年の間の観光客数の増加率は年間二・七パーセントと、世界全体の四・二パーセントを下回りはするが、それでもなお、カリブ海域の諸国にとって観光収入が重要なことは、観光客数からうかがえるであろう（UNWTO「Tourism Highlights 2018 Edition 日本語版」https://unwto-ap.org/wp-content/uploads/2019/01/Tourism-HL-2018.pdf）。

二〇世紀後半にカリブ海域で生じた最大の事件が、キューバ革命であったことは間違いない。すでに述べたように、そもそもカリブ海域とアメリカの経済的関係は非常に強かった。それは、政治面にもあてはまった。一九四〇～四四年にキューバ大統領であったバティスタは、一九五二年にクーデタで大統領に返りざき、アメリカ資本と強く結びついた政権ができた。その一方で、国民の生活水準は低かった。これに反発したカストロらによってキューバ革命がおこり、バティスタは亡命を余儀なくされ、一九六〇年、キューバに社会主義政権が樹立した。キューバの主要貿易相手国は、アメリカからソ連へと変化することになった。

キューバの主要産業は、農業（砂糖、タバコ）、鉱業（ニッケル）などである。他のカリブ海諸国と同様、製造業は発展していない。もはや、かつてサトウキビ生産量世界一を誇った面影は、現在のキューバにはない。二〇一八年の時点で世界一のサトウキビ生産国はブラジルで、七四六八億トンである。それに対しキューバは第一三位であり、一九六五億トンである。サトウキビ生産国の第二位はインド、第三位は中国、第四位はタイ、第五位はパキスタンであり、もはやカリブ海域は、世界の主要なサトウキビ生産地域ではなくなっている。

†カリブ海諸国の経済転換

カリブ海域は、元来サトウキビの栽培や砂糖の生産に特化した地域であった。ハイチはフランスの、ジャマイカはイギリスのために砂糖を生産した。カリブ海域では、その後も長く砂糖の輸出が重要であり、製造業はあまり発展しなかった。そのため、カリブ海諸国は基本的に貧しい国となった。

もちろん例外はあった。二七〇万人ほどの人口がいる旧イギリス領ジャマイカはボーキサイトの輸出で有名であり、さらに観光産業もある。旧スペイン領であったドミニカ共和国の人口は、一〇八〇万人ほどである。同国は二〇一七年時点の一人当たりGNI（国民総所得）が約七〇〇〇ドルと決して豊かな国ではないが、農作物の輸出と観光産業によって外貨を稼いでいる。イギリス領であったバルバドスの一人当たりGNIは二〇一八年時点でおよそ一万五〇〇〇ドルと比較的高い。主要輸出品としては、燃料、蒸留酒がある。

同じくイギリス領であったトリニダード・トバゴの一人当たりGNIは、二〇一八年時点で約一万六〇〇〇ドルと比較的高い。輸出品としては、西インド諸島で唯一、石油と天然ガスがある。さらに、観光産業も盛んであるが、サトウキビ産業は消滅した。

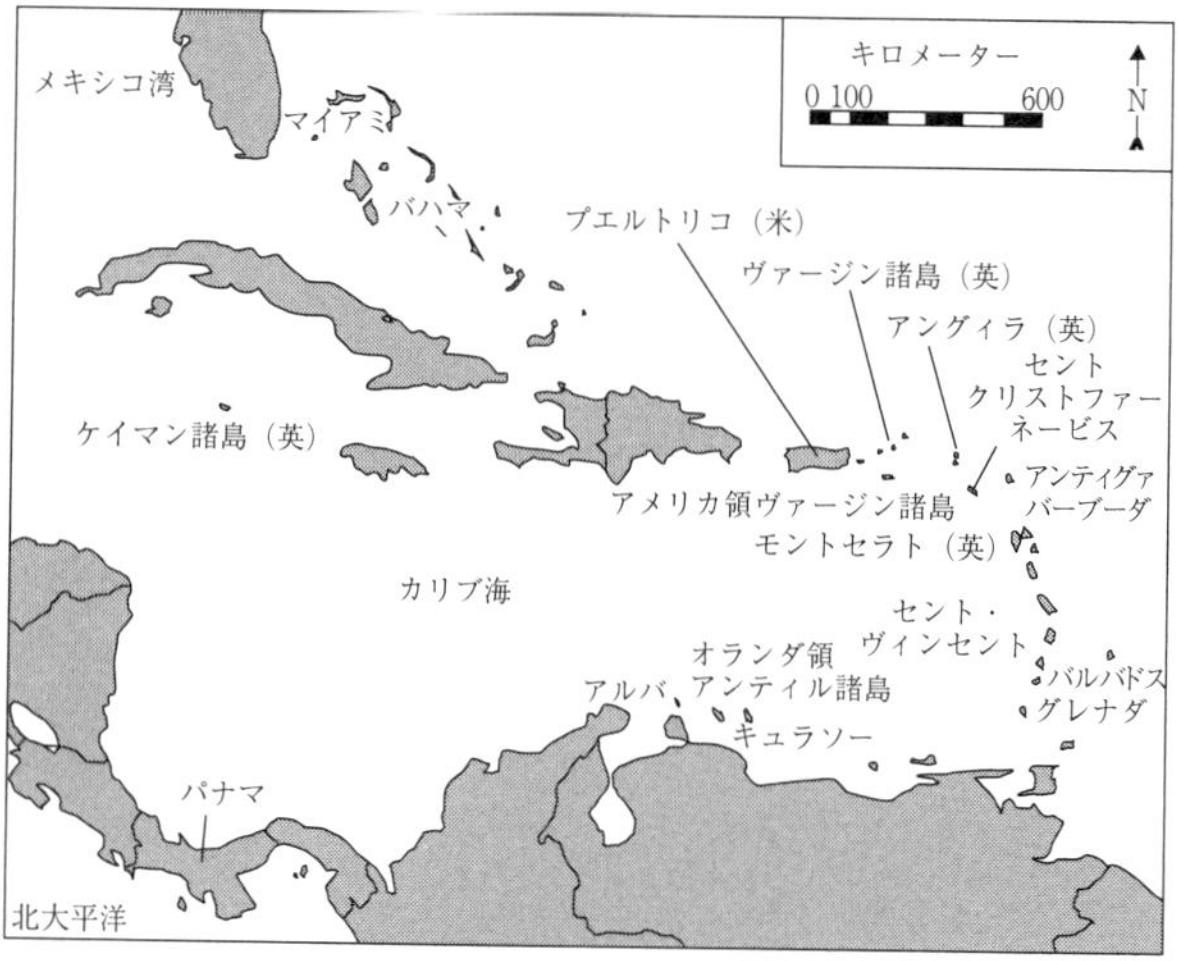

図４－４　カリブ海域の地図
出典：Susan M. Roberts, "The Cayman Islands and the International Financial System", *Economic Geography*, Vol. 71, No. 3, 1995, p.250. をもとに作成。

これらの島々は、バルバドスを除いて、カリブ海のなかでは比較的大きな島である。カリブ海域は、図４－４に見られるように多島海であり、一つ一つの島の面積は比較的小さい。小さな島が生き延びることは、かなり難しい。しかし、小さな島々が生き延びていく方法があった。タックスヘイヴンになることである。

†ケイマン諸島の事例

本章の冒頭で述べたように、イギリスには茶が密輸されていたと考えられる（本項の議論はRoberts, 1995にもとづく）。そのために使用されたと推定されるジャージー島やマン島、チャネル諸島は、自治権をもった王室属領である。したがって、イギリス本国に行政と防衛は委託しているものの、独自の立法・司法・行政機関があり、イギリス連邦（コモンウェルス）には属していない。イギリスは、このような地域を有することで、密貿易を、換言すれば、租税回避行動を容易にしていたのである。

イギリスがそもそもこのような国である以上、イギリスの旧植民地ないし海外領土がタックスヘイヴンになったとしても、何の不思議もない。これといった産業もない小さな島は、タックスヘイヴンになることで活路を見出したのである。

その代表が、ケイマン諸島である。ケイマン諸島の人口は、二〇一八年現在で六万二〇〇〇人程度、一人当たりのGDPは八万八〇〇〇ドルであり、日本よりもはるかにGDP額は多い。それはケイマン諸島がタックスヘイヴンであり、世界中の有力企業がここに金を落としていったからである。

一九七〇年頃のケイマン諸島は、まだ貧しい国であった。だが、一九七〇年代から、この小さくそして辺境の地は、タックスヘイヴンとして台頭していった。ケイマン諸島は、その一つであり、もっとも多様化し成功したオフショアとして知られる。そしてケイマン諸島の経済的変化そのものが、資本主義経済の変貌と大きく関係している。

タックスヘイヴンとしてのケイマン諸島の歴史は、一九六〇年代にまで遡る。ケイマン諸島が観光地になるには、障害が二つあった。一九五三年に航空機でケイマン諸島を訪れることができるようになったが、まだ観光業ははじまったばかりであったので、雇用はほとんどなかった。ケイマン諸島に住む人々は、巨大なタンカーやコンテナでの単純作業、さらにはより賃金が低い未熟練労働に従事していた。

一九六〇年代にこのような状況に直面したケイマン諸島の実業界のリーダーたちと政治家は、観光業をベースにするだけではなく、タックスヘイヴンとしてオフショアでのファイナンス事業を拡大することで、経済を発展させようとした。

一九六二年に、ケイマン諸島は、イギリス王室の直轄植民地になり、ジャマイカの一部にはならないと決定した。それは、ケイマン諸島が金融部門を強化しようとしたきっかけであった。ケイマン諸島の人々は、オフショアの地になることにいくつかの利点があると強調するようになった。ケイマン諸島の大きさは、マイアミやニューヨークと同程度であった。

一九七二年には、三〇〇〇以上の会社、さらに三〇〇以上の信託会社がケイマン諸島に設立された。この時には、ケイマン諸島は、オフショア会社と信託会社に焦点を当てた地域になっていた。
ヨーロッパに目を向けると、ユーロカレンシー（オフショア市場などのユーロ市場で国際的な銀行間取引の対象となる通貨）市場の規模は、一九七〇年の五七〇億ドルから、一九八一年には六六一〇億ドルにまで上昇していた。ケイマン諸島のオフショアが大きく発展したのは、この時代であった。すなわち、ケイマン諸島はユーロカレンシーを使用する金融センターとして台頭したのである。

銀行は、ケイマン諸島にスタッフを駐在させる必要はなかった。グランドケイマン島に登録されている五三二の銀行のうち、八〇パーセント以上は、ケイマン諸島には誰一人スタッフはいない。ユーロカレンシーはケイマン諸島のペーパーカンパニーの会計には記載されたものの、現実には一銭もケイマン諸島で使われることはなかった。

ロンドンはユーロカレンシー市場の拠点であったが、バハマ諸島とケイマン諸島は、どちらもアメリカの銀行で同額の口座を有していた。イギリスに関しては、一九八八年一〇月には、両諸島の資産の三一・五パーセントがロンドンにあった。ケイマン諸島は、アメリカとイギリスの両方の金融市場と深く関係していたのである。

ケイマン諸島に対する金融の寄与度を正確に測定することは難しい。しかし、少なくとも、ケイマン諸島で雇用される人々にとって、金融が大きな役割を果たしていることはたしかである。ケイマン諸島は、世界で稀に見るほど成功したオフショア市場であったことはよく知られるのだ。

†イギリス領ヴァージン諸島（BVI）の事例

イギリス領ヴァージン諸島（BVI）はもともと、砂糖や綿花、染料の生産地であったが、生産量は、明らかに少なく、イギリスにとっては重要ではない地域であった。それが、金融センターになったのである（本項の議論は、Financial Secrecy Index, 2020a にもとづく）。

BVIは、カリブ海に散らばる約六〇の島々からなる。もっとも大きな島であるトルトラ島であっても、面積は五六平方キロメートル、人口は約二万三五〇〇人である。全島の人口を合わせても、三万六〇〇〇人もいない。ここから考えても、BVIで製造業が発展することはなさそうである。BVIの君主はエリザベス二世であり、女王の代理人である総督（governor）が、国家元首としての儀礼的職務を代行している。

BVIは、アメリカ領ヴァージン諸島との関係が強く、通貨もアメリカ・ドルが使用されている。

ＢＶＩに近代的オフショアセンターが誕生したのは、一九七六年のことであった。ウォール・ストリートから来た弁護士のポール・バトラーが、トルトラ島に事務所を構えたのである。このころ、アメリカの多国籍企業は、租税回避行動をオランダ領アンティル諸島でおこなっていた。しかし、オランダ語を使用しなければならないという難点があった。バトラーは、アメリカとカリブ海に点在するＢＶＩなどの極小国家とのあいだに結ばれていた、二重課税協定（二重課税を排除するための協定）に気づいた。またこれら極小国家に居住する人々は英語を話していた。

さらに一九八四年に導入された画期的な法律制定により、多数のペーパーカンパニーがつくられた。ここに、ＢＶＩのタックスヘイヴンの基盤が形成されたといってよかろう。

一九八〇年代後半になると、香港のビジネスパーソンであるカイ・シングが、ＢＶＩに持株会社をつくった。彼に続いて、多くの香港のビジネスパーソンが、ＢＶＩを多国籍企業のオフショアとして利用するようになった。一九八九〜九七年には、ＢＶＩを利用する企業数は、毎年五〇パーセント近い上昇率となった。ＢＶＩには、世界中からの資金が集まるようになったのである。

二〇一七年になると、四一万七〇〇〇の会社が活動していた。ＩＭＦの二〇一〇年の報告書によれば、かなり控えめな推計ではあるが、ＢＶＩの会社には六〇〇〇〇億ドルの資産があるとした。その数値は二〇一七年には二倍以上になり、一兆五〇〇〇〇億ドルと推測されている。ＢＶＩによって、世界各国から毎年三五七億ドルの税金が失われているという。

ＢＶＩは、イギリスによって主として砂糖を生産する植民地としてモノカルチャー化されたが、砂糖産業の衰退によって、主要産業を失った。しかし、タックスヘイヴンとして蘇ったのである。このリバイバルは、大英帝国の一部を形成したからこそ可能だったのである。

†おわりに

租税を回避するという行為は、近世のヨーロッパでは、密輸という行為であらわれることがあった。イギリスに輸入された茶は密輸茶が多く、低級品はスウェーデン東インド会社、高級品はフランス東インド会社が輸入したものが、最終的にイギリスに密輸されたのである。密輸茶がなければ、イギリス人は茶を飲む国民にはならなかったかもしれない。

さらに本章の重要な論点として、カリブ海域がどのようにして砂糖の生産地域からタックスヘイヴンに変化してきたのかということがあった。

カリブ海地域は、一七〜一八世紀には、砂糖の生産地域として重要であった。同海域の砂糖がなければ、おそらくヨーロッパの生活水準はもっと低かったであろう。一九世紀になると、キューバの砂糖生産量は大きく増え、一八四〇年代には世界最大の砂糖生産地域になった。

しかし、世界の砂糖生産高に占めるカリブ海地域の比率は低下した。カリブ海地域から輸出できる商品はほとんどなかった。この海域の島は基本的に小さく、工業を発展させることは難しかった。そのため、観光やタックスヘイヴンとなることによって生きていくほかなかったのかもしれない。そのような転換は、一九世紀にイギリスが工業国から金融国に変わり、大英帝国が金融帝国になったためにおこったといえよう。

第5章

金融化する社会

1　世界の金融化

†はじめに

世界経済は、近年になって、金融へのウエイトを大きく高めた。これはまさに、「金融化」ともいうべき現象である。

企業の資産の中心が有形資産（実体のある資産であり、固定資産や原材料などの流動資産を含む）から無形資産へと転換したため、実体をもたない資産が増え、それは容易に他国に移動させることができる。資本は、インターネットにより、簡単に国境を越えることができるようになった。

一九八〇年代から人々の所得水準が上昇しはじめたのは、そのためでもある。ところでわれわれには、おそらく所得分布にかかわる長期的に信頼のおける資料はない。所得分布の不平等は、最近の金融の発展により生じた現象だからであり、だからこそアメリカ人の経済学者スティグリッツが繰り返しいうように、先進国ではアメリカ合衆国の所得格差がもっとも大きいのである。

現実社会での問題点の一つは、金融がわれわれの生活水準の上昇に役立たないにしても、金融部門が非常に儲かるということであり、そのために多くの人々がこの部門での労働を希望することである。われわれは、人々の生活水準を向上させることのない部門で優秀な人々が働き、巨額の富を獲得し、しかし社会は全体として豊かにはならないというジレンマに直面している。富の増加が豊かな社会をもたらすわけではないということである。

それが、金融化した社会の実態なのである。

†OECD諸国の金融化

金融化の主要な指標として、GDPに占める金融の比率が高まることがあげられる（以下、本項の議論は Assa, 2012 にもとづく）。一九七〇年には、OECDの加盟国のうち、金融の割合が総付加価値の五分の一を超えていたのは、フランスとメキシコの二カ国しかなかった（それぞれ、二〇・六パーセントと二三・二パーセント）。しかし二〇〇八年になると、三四加盟国のうち二八カ国が金融のシェアが二〇パーセントを超えており、一五加盟国は、二五パーセントを超えていた。

そのトップにくる国はルクセンブルクである。極小国家であり、さらに特別な金融センターであったということで、これを除くなら、イスラエル、フランス、アメリカ、イギリス、オーストラリア、ニュージーランドが、それぞれ三〇パーセントを超えている。

一九七〇年から二〇〇八年のあいだに、金融のシェアが二倍以上になったのは、韓国、オーストリア、ベルギー、ドイツ、アイスランド、オランダ、ニュージーランド、オーストラリア、ドイツ、アイルランド、イギリス、フィンランドである。ルクセンブルクは、この間に、七パーセントから四九・二パーセントへと、七倍以上に上がった。

OECD加盟国のうち、二〇〇八年には二三カ国もの国が、金融部門で働く人々の比率が一〇パーセントを超えていた。二〇〇八年に金融部門の労働者の比率が二八・九パーセントであったルクセンブルクを除いても、労働者の一五パーセント以上が金融部門で働くOECD加盟国は七カ国もあった。スイス、アメリカ、イスラエル、スウェーデン、オランダ、オーストラリア、カナダである。

一〇カ国が、金融部門の労働者の比率を二倍にし、五カ国が三倍にした。七カ国は、それ以上であった。ポーランドとフィンランドが四倍、日本は五倍、イタリアは六倍、韓国、ルクセンブルク、スペインにいたっては九倍である。

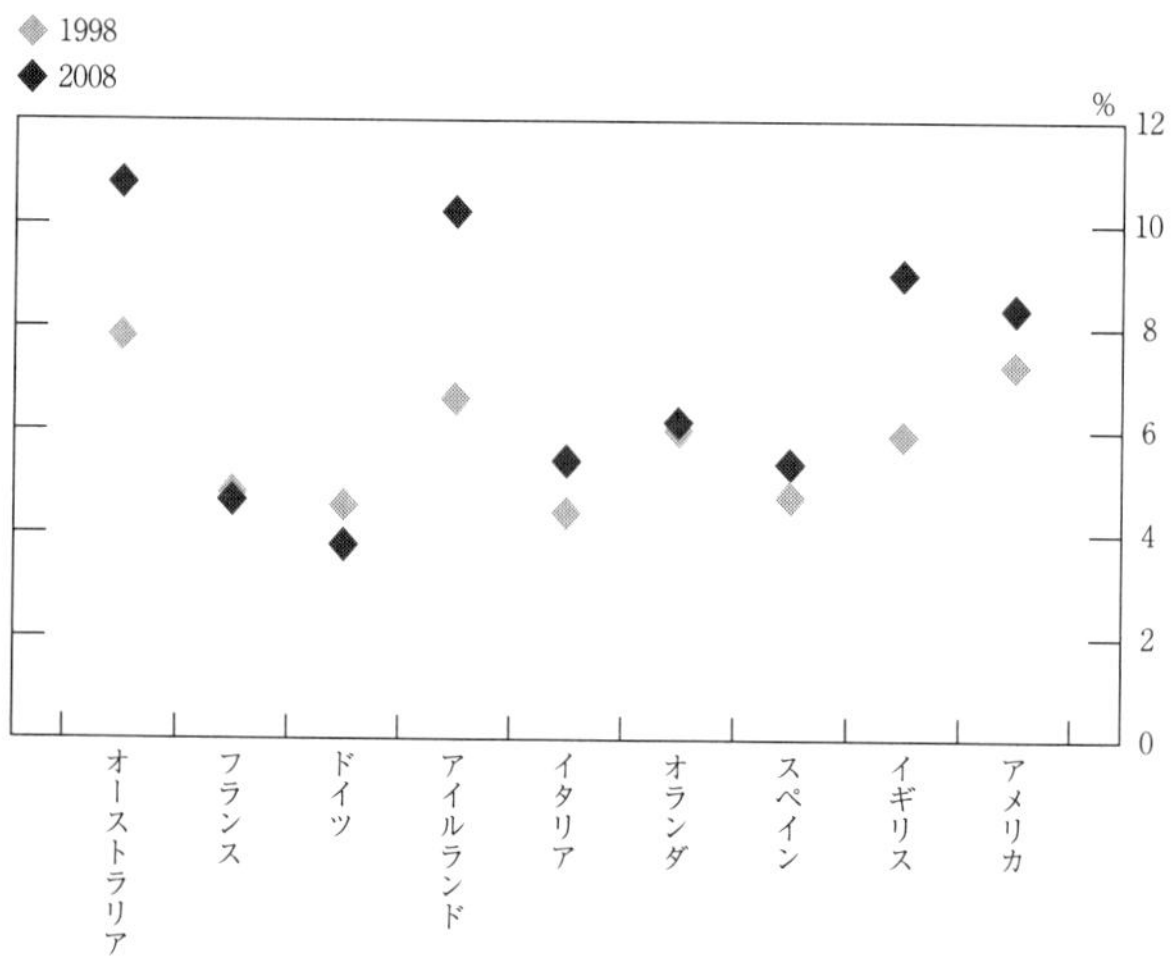

図5－1　金融部門が名目GDPに占める割合

出典：Stephen Burgess of the Bank's Conjunctural Assessment and Projections Division, "Measuring Financial Sector Output and its Contribution to UK GDP", *Bank of England Quarterly Bulletin, Bank of England*, 51(3), p.234.

金融部門の拡大傾向は、図5－1にも現れている。この図は、九カ国の金融部門が名目GDPに占める割合を示している。ほとんどの国で、一九九八年よりも二〇〇八年のほうが、明らかに金融化が進んでいるのである。世界経済の成長は、金融部門の発展によって達成されたと考えられよう。

もし金融部門が以前のままであったなら、正確な数値は出せないにせよ、二一世紀の経済成長率はもっと低かったはずなのである。

世界の経済成長を見るならば、一九六〇年代から一九七〇年代にかけては耐久消費財が、それ以降は金融部門が世界経済を牽引したといえるだろう。

一九七三年の第一次石油危機による成長率低下よりも、二〇〇八年のリーマンショックによる低下率のほうが大きかった。金融危機が、石油危機よりも経済に大きく影響を与えたことがわかる。金融の世界経済への影響力の大きさが、ここから十分に理解できる。世界経済は、金融化したことにより成長したのである。

†銀行業務の多様化

銀行は元来、為替業務からはじまった。もともと銀行では行員たちが、ある人が別の人に送金する際の書類を書くだけで手数料を稼いだのである。

世界経済の金融化により、銀行の機能は大きく変化した。現在もなお、一般の人間にとっては、銀行とはカネを預けるところである。企業は、銀行からカネを借りる。銀行は、その差額で利益を得る。

銀行は、人々からカネを集め、それを企業に貸す。当然、企業に貸し出す利子は、人々が預金する利子よりも高く設定され、銀行は、長期間にわたって、この二つの利子率の差額によって生きてきた。

しかし、金融ビッグバンによって銀行がさまざまな金融部門に進出することが可能になると、銀行の機能は大きく変化した。銀行の最大の機能がカネの貸し借りだとは、もはやいえない状態になっていったのである。

†利子率のない分野の収入（手数料収入）の増加

ここ三〇年ほど、銀行業がどのような変貌を遂げたのかという研究がいくつも出るようになった（以下の議論は、Dos Santos, 2009 にもとづく）。そのような研究で明らかにされていることは、銀行の収入のなかで、利子率に関係する部門のものが減少していることである。すなわち、家計は、資産を銀行に預金するのではなく、多様な投資ファンド（利子を生み出すのではない）に投資するようになったのである。

そのような動きに対して、銀行は、「金融市場での仲介業務」に関係する活動から、手数料などの無利子の収益を得る活動へと方向を変えていった。それに含まれたのは、企業、仲買業、個人投資家のための投資管理、投資信託、年金などであった。銀行はさらに、個人の顧客に対して、消費者金融、そして抵当をとってカネを貸すことによって収益を稼ぐことが増えていった。金融に関連する技術革新により、銀行が、個人の信用に対してより深くかかわるようになっていったのだ。

アメリカにおいては、銀行の収入に含まれる無利子の収入（手数料収入）の割合は、一九八〇年の二四・九パーセントから、二〇〇五年には四〇・七パーセントへと大きく増えた。ドイツでは、同期間に、二〇・四パーセントから三四・二パーセントに増加し、フランスにいたっては、一九九〇年の二二・六パーセントが、二〇〇五年には六二・二パーセントと三倍近くにまで増加し、もはや銀行の本業はカネを貸して利子を稼ぐということではなくなっている。

この変化については、金融の自由化に向けての国家政策と、企業および家計の金融に対する対応が変わったことがとくに重要であった。もっとも直接的には、アメリカで投機の規制を定めていたグラス・スティーガル法の規制が緩和され、ヨーロッパでも、イギリスの金融ビッグバンに代表される金融規制緩和のために、資本市場に商業銀行が入り込む余地が大きくなっていったことも大きい。

より根本的には、会社自体の余剰金の重要性が増加し、年金の提供が徐々に民営化されたことが、資本市場にかなりのインパクトを及ぼした。需要側においては、多様な「金融工学」政策によって生み出されたキャピタルゲインの範囲が増加した。

国民年金がＯＥＣＤ加盟国の負担になると、定年に関係した数兆ドルの投資ファンドが、資本市場に投下された。アメリカでは、一九七〇年代後半から一九八〇年代初頭にかけ、公的年金への信頼度が低下し、定年後の私的年金を貯蓄するようになった。そのため、アメリカの家計における年金と投資信託の割合が急激に増えた。その割合は、戦後は平均して四〇パーセントであったが、二一世紀初頭には一二〇〜一四〇パーセントになった。アメリカ人のこのような投資傾向は、金融商品（銀行、証券会社、保険会社など金融機関が提供・仲介する各種の預金、投資信託、株式、社債、公債、保険など）を増加させることにつながった。

2　ＥＵの銀行のタックスヘイヴン

†タックスヘイヴンとＥＵトップ二〇の銀行

タックスヘイヴンに関しては、これまでも取り上げてきた。ここでは、ＥＵの銀行とタックスヘイヴンの関係について述べてみたい（本節の議論は、基本的に Oxfam International,

2017にもとづく)。それは、銀行業がカネの貸し借りではなく無利子の収入(手数料など)へと業務の中心を移していくことで、銀行がどのようにしてタックスヘイヴンとかかわっていったのかがわかるからである。

ここ数年間で、タックスヘイヴンをめぐる情報は急速に増えていった。とりわけ、タックスヘイヴンとして有名なパナマの法律事務所であるモサック・フォンセカの文書(いわゆるパナマ文書)が漏洩する事件が二〇一六年に発生してから、多くの企業と富裕な人々が、租税回避にかかわっていることが明らかになった。この事件などにより、タックスヘイヴンとは、現在では一般の人々のあいだに定着した用語になっているように思われる。

本節で取り上げられる銀行は、EUのトップ二〇である。具体的には、イギリスのバークレー銀行、HSBC、ロイズ銀行、ロイヤル・バンク・オブ・スコットランド(RBS)、スタンダードチャータード銀行、ドイツのコメルツ銀行、ドイチェバンク、ドイツ復興金融公庫(KFW)、フランスのBNPパリバ、クレディ・アグリコル、クレディ・ミュチュエル、ソシエテ・ジェネラル、BPCEグループ、イタリアのインテーザ・サンパオロ、ウニクレディト、オランダのINGグループ、ラボバンク、スペインのビルバオ・ビスカヤ・アルヘンタリア銀行(BBVA)、サンタンデール銀行、スウェーデンのノルデア銀行である。

これらの銀行がタックスヘイヴンを使用し、巨額の利益をあげている。それについて、より詳しく論じてみよう。

†EUの銀行のトップ二〇はタックスヘイヴンでどれほど儲けているのか

ではここで、EUのトップ二〇の銀行は、タックスヘイヴンを利用してどうやって利益を獲得しているのか、見ていくことにしよう。

EUのトップ二〇の銀行は、利益額の四分の一をタックスヘイヴンから取得していた。その総額は、二〇一五年には二五〇億ユーロであったと推計されている。

EUのトップ二〇の銀行の利益額のうちタックスヘイヴンの占める割合は二六パーセントであったが、タックスヘイヴンの売上高は全体の一二パーセントしかなく、従業員の数は、たった七パーセントである。ここから、これらの銀行がタックスヘイヴンで巨額の利益を得ていることがわかる。

二〇一五年には、EUのトップ二〇の銀行は、タックスヘイヴンの地として有名なルクセンブルクで四九億ユーロの利益を出した。それは、イギリス、スウェーデン、ドイツか

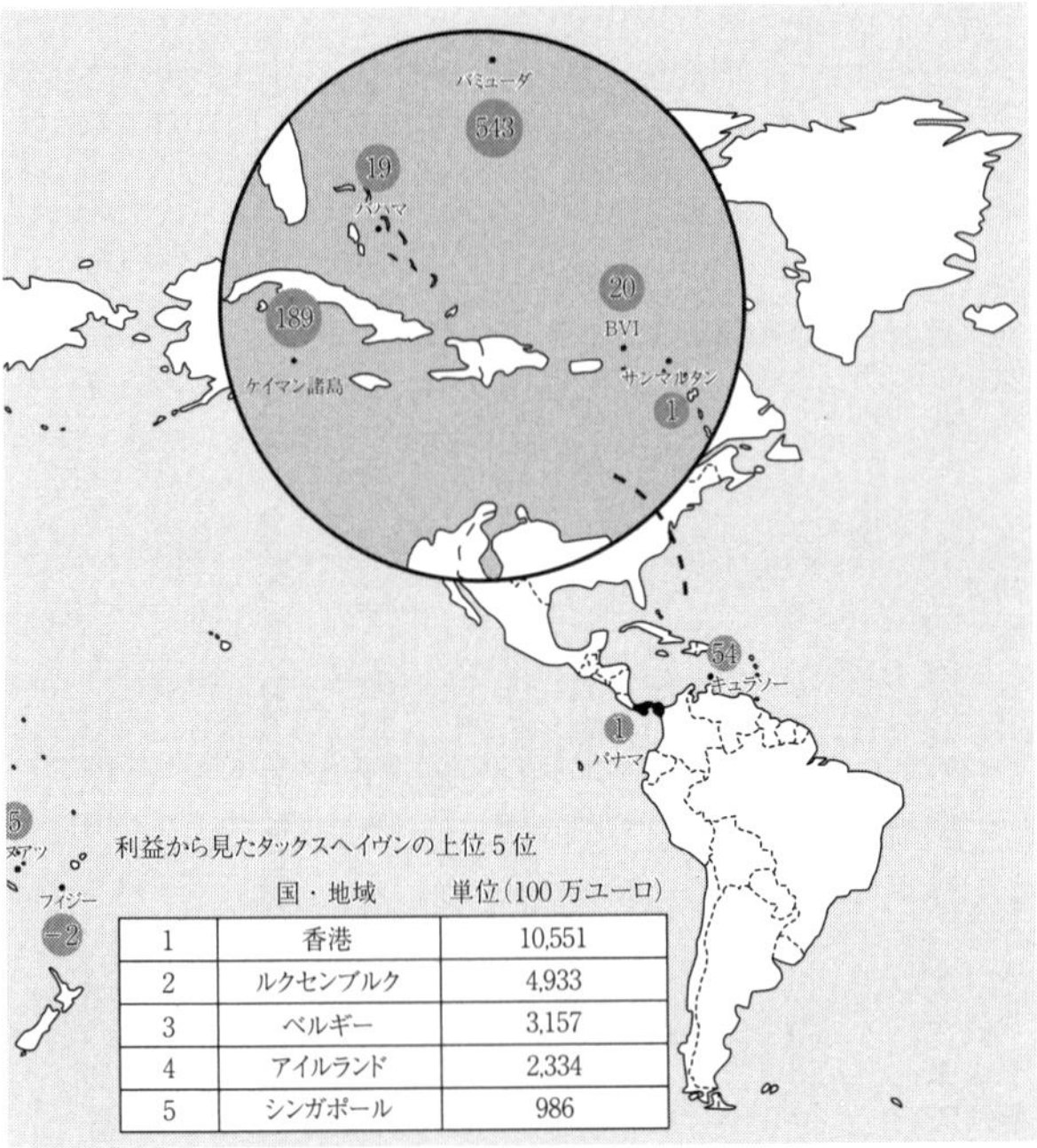

利益から見たタックスヘイヴンの上位５位

	国・地域	単位（100 万ユーロ）
1	香港	10,551
2	ルクセンブルク	4,933
3	ベルギー	3,157
4	アイルランド	2,334
5	シンガポール	986

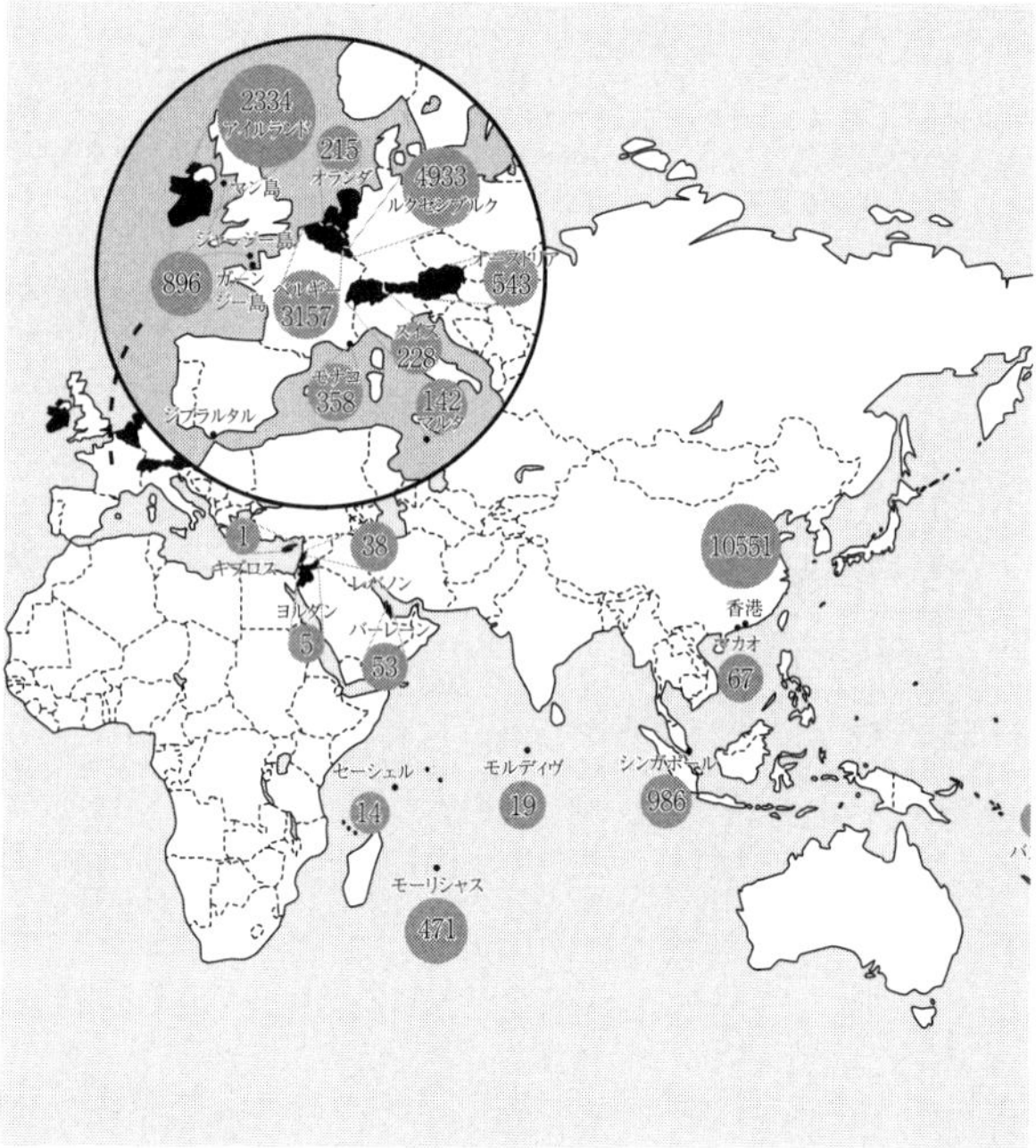

図5-2　EUのトップ20の銀行がタックスヘイヴンであげている利益（単位：100万ユーロ）
出典：Oxfam International, "Opening the Vaults: The Use of Tax Havens by Europe's Biggest Banks", 2017, pp.16-17をもとに作成。

らの利益を合わせたよりも多いのである。

たとえば、ヨーロッパで五番目に大きな銀行であるイギリスのバークレー銀行は、二〇一五年には、ルクセンブルクで五億五七〇〇万ユーロの利益があり、一〇〇万ユーロの税金を支払った。税率は、わずか〇・二パーセントでしかない。

また銀行は、タックスヘイヴンで得た利益に対して、まったく税金を支払う必要がないこともある。ヨーロッパの銀行は、二〇一五年にタックスヘイヴンで生み出された三億八三〇〇万ユーロの利益に対し、一ユーロの税金すら支払わなかった。

それと同時に、多数の銀行は、営業している国々で巨額の損失を出した。たとえば、同二〇一五年、ドイチェバンクはドイツで損失を出していたが、タックスヘイヴンでは一八億九七〇〇万ユーロの利益を計上していた。

このように利益の大半が、誰一人として雇用されてはいないタックスヘイヴンで獲得されているのである。全体として、ヨーロッパの銀行全体の利益のうち、少なくとも六億二八〇〇万ユーロが、誰一人社員が雇われていない地域で生み出されている。

EUの銀行のうちアメリカに子会社がある場合には、その五九パーセントがデラウェアを所在地としており、そのうち四二パーセントの会社が同じ住所である。つまり同じ建物に住所があることになるが、なんとその数は二八万五〇〇〇社以上にのぼる。

このように、EUのトップ二〇の銀行は、図5-2に示されているように、世界各地のタックスヘイヴンと結びついて、利益を得ている。すなわち、本来支払うべき税金を納めていないのである。またこの地図から、カリブ海域や香港、シンガポールなどの旧イギリス領が、タックスヘイヴンになっていることがわかる。前章でも指摘したが、大英帝国が、現在のタックスヘイヴンの形成に寄与したのである。

†タックスヘイヴンの利益率

これまで見てきたように、タックスヘイヴンは、銀行の活動に大きな利益を与えてきたが、タックスヘイヴン自体も、それによって巨額の富を得ているはずである。EUにおいて、銀行で働く平均的なフルタイムの労働者が生み出す利益は年間四万五〇〇〇ユーロであったのに対し、タックスヘイヴンの労働者は、年間一七万一〇〇〇ユーロである。タックスヘイヴンの銀行店は、平均で、四倍ほど多くの利益を生み出しているのである。

EUとタックスヘイヴンの労働者の生産性がこれほど違う理由として考えられるのは、銀行はEUで稼いだ利益を、税金がまったくないか、あってもごく僅かである国に移転させているということである。それをある程度裏付ける事実は、タックスヘイヴンの子会社で働く銀行員の数が非常に少ないということである。本当に巨額の利益を生み出すほど働くなら、その数はもっと多くなるはずだからである。銀行員が少人数のままで、巨額の利益を得ることは不可能である。EUの巨大銀行は、他地域で獲得した利益を、タックスヘイヴンに送金したと推測される。

EUでは、銀行の母国における一人あたりの労働者の平均生産額は二万九〇〇〇ユーロであり、タックスヘイヴンの銀行員の六分の一ほどなのである。EUをベースとする銀行は、母国ではあまり利益をあげていないか、場合によっては損益を出しているので、タックスヘイヴンとの利益額の差は広がるのである。

3　アイルランドとルクセンブルク

†アイルランドはどうやってタックスヘイヴンになったのか

アイルランドは、現在世界で一人当たりGDPがもっとも高い国の一つである。それは、アイルランドが世界有数のタックスヘイヴンとして機能しているからである（以下、本項の議論はShinnick, 2013にもとづく）。

だが元来、アイルランドはとても貧しい国であった。そのため、より高い収入を得るために海外に移住することも少なくはなかった。アイルランド人が移住した地域は、大英帝国を中心としてさまざまな地域におよんだ。

一九七三年、アイルランドはＥＣに加盟した。そのため、ＥＣの市場との取引をすることが容易になった。イギリスやＥＣ諸国に、アイルランドから食料が輸出された。一九七〇年代には、アイルランドでは福祉、ヘルスケア、教育、住宅、インフラへの投資が増え、さらに第一次石油ショックが誘発したインフレのために、公共財政の赤字は大きく増えた。一九七〇年代から八〇年代初頭にかけてのアイルランドでは、失業率は高く、他国へと移住する人も多かった。

転換は、一九八七年遅くに訪れた。失業率は一八パーセントに達し、大量の移民が出現した現状を政府は認識し、歳出を削減し、他国の企業を誘致しやすい環境を整えた。ここには、低い法人税が含まれていた。それは、たった一二・五パーセントである。さらに、教育に力を入れ、高度な教育を受けた労働者を増やそうとした。これにより一九九〇年代初頭、アイルランドのＧＤＰは急激に上昇し、「ケルトの虎」と呼ばれる、新しいアイルランドが生まれた。

アイルランドの法人税率は低く、さらに、企業活動への規制が少なく、十分なインフラがあり、高い教育を受けた若い労働力を確保できた。これが、外国企業がアイルランドに支店や子会社を置く大きな誘因となった。

二〇〇〇年には、ＧＤＰの二〇パーセントに達する海外直接投資（ＦＤＩ）が流入した。そのため、アイルランドの経済は発展し、アイルランド人の生活水準も上昇した。すると、それまではアイルランドから海外に人々が流出していたのが、反対に海外からアイルランドへと人々が流入するようになったのである。アイルランドはイギリスと同じく、英語が母語であり、外国人が働きやすいという利点もあった。

移民が増えると住宅が不足する。一九九七〜二〇〇六年には、アイルランドの住宅価格は二三一パーセント上昇した。

一九八〇年代から二〇〇〇年代にかけ、アイルランド経済は大きく変わった。一九八六年には、一人当たりＧＤＰはＥＵの中央値の六七パーセントだったのが、二〇〇六年には一三九パーセントへと上昇した。ＧＤＰに占める政府の負債の比率は、同期間に、一一五パーセントから二四パーセントへと著しく減少した。

その後不動産バブルの崩壊とリーマンショックが襲ったが、アイルランドはマイナス成長から脱皮することができた。アイルランド政府は二〇一一年にEUとIMFに金融支援を要請し、その支援をもとに、銀行に公的資金を注入した。その結果、二〇一八年には、財政収支は黒字化した。

アイルランドには、さまざまな国の製薬会社が本社機能を移している。本社機能が移転されれば、財務管理がアイルランドに移転される。そして移転してきた企業のR&D（研究開発）が増加し、GDPが増えることになる（R&Dは現在ではGDPに含まれるからである。第6章を参照）。もちろん、法人税収入も増加する。

さらにアイルランドでは、世界のトップ銀行五〇の半分以上、さらにはトップ二〇の保険会社の半分がビジネスをしている。二〇一九年には、一万四一〇〇の基金、約四兆七〇〇〇億ドルの資産を管理した。二兆七一〇〇億ドルの資金がアイルランドを拠点として運用されている。これはおそらく、アイルランドが重要なタックスヘイヴンだからである。

アイルランドでは、ヨーロッパの銀行が大きな利益を獲得している。二〇一五年には、総売上高は三〇億ユーロであり、利益額は二三億ユーロにのぼる。それと比較すると、たとえばスウェーデンでは、外国の銀行の総売上高は三〇億ユーロであるのに対し、利益額は九億ユーロにすぎず、アイルランドでの利益率は二・六倍になる。

くわえて、五銀行（RBS、ソシエテ・ジェネラル、ウニクレディト、サンタンデール銀行、BBVA）は、アイルランドで総売上高よりも多い利益額を生み出している。

たとえば、二〇一五年においてRBSはアイルランドで一一億四〇〇〇万ユーロの利益額を記録しているが、総売上高は七億六三〇〇万ユーロである。利益率は、一五〇パーセントであった。これは奇妙というほかなく、他地域の利益額が送金（移転）されたとしか考えられない（Aubry and Dauphin, 2017）。

非営利団体のオクスファムのレポートによれば、アイルランドは、世界最悪の法人税のタックスヘイヴンのうち、六番目に位置する。その最大の理由は、大規模な法人税の逃避を促進しているからである。アイルランドは、R&D（研究開発）、知的財産に税金を控除している。したがってアイルランドにIT企業が進出するのは、当然のことだといえよう。首都ダブリンに、GAFA（グーグル、アップル、フェイスブック、アマゾン）が進出しているのも、当然のことなのである（Financial Secrecy Index, 2020b）。

†ルクセンブルク

ルクセンブルクは、フランス、ベルギー、ドイツの国境に位置する極小国家である（以下、本項の議論はFinancial Secrecy Index, 2020cにもとづく）。その面積は二六〇〇平方キロメートルに満たず、二〇一九年現在、人口は約六一万人である。この国の一人当たりGDPは約一一万三六〇〇ドルであり、世界でもっとも大きい。それは、この国がタックスヘイヴンだからである。

第一次世界大戦後のルクセンブルクは鉄鋼業を中軸とする工業国家であった。しかしその後、金融国家へと変貌していった。今やルクセンブルクは、世界で一番豊かな国といって過言ではなく、それは金融業の急速な発展によるものであった。

ルクセンブルクでは、ユーロ債（非居住者により保有される自国通貨や債券などを取引するユーロ市場で発行された債券。ただし、まだユーロが発行されていない時代でも、のちのユーロ圏で発行された債権はユーロ債という）の主要な市場となった。

ユーロ圏市場は、一九六五年に大きく発展した。このとき、アメリカ大統領のジョンソンが、アメリカの会社が海外に投資することに懸念をもった。それは、投資の中心のイギリスや西ドイツ、フランスのような大国の利益になるかもしれないからであった。それに対しアメリカ企業は、大国ではなく、ルクセンブルクのように極小国家であり、ユーロ市場の中心である国家からより多くの資金を獲得しようとした。そうすれば、アメリカ企業は、ルクセンブルクを通じて、ヨーロッパの金融市場に接近できるからである。そしてヨーロッパとアメリカの企業は、ルクセンブルクの自由で、事業活動の利益追求に寛大な態度に魅力を感じるようになったのだ。

一九七三年に第一次石油危機がおこると、ルクセンブルクは明らかに、鉄鋼業から金融業へと産業の中心を移しはじめた。一九八一年になると、ルクセンブルク最後の鉄鉱山が閉鎖された。同年には銀行法が成立し、バンカーは顧客の情報を秘密にすることが義務づけられた。とはいえそれは、以前からおこなわれていたことを法制化したにすぎなかった。ルクセンブルクでは、オフショアの金融サーヴィスが重要になっていった。国民の反対を受けることなく、金融業はルクセンブルクの経済の中核に位置するようになったのである。

ルクセンブルクは、ＥＵの前身であるヨーロッパ石炭鉄鋼共同体（ＥＣＳＣ）が一九五二年に発足した時からの加盟国であった。ヨーロッパの共同市場でもっとも大きな利益を

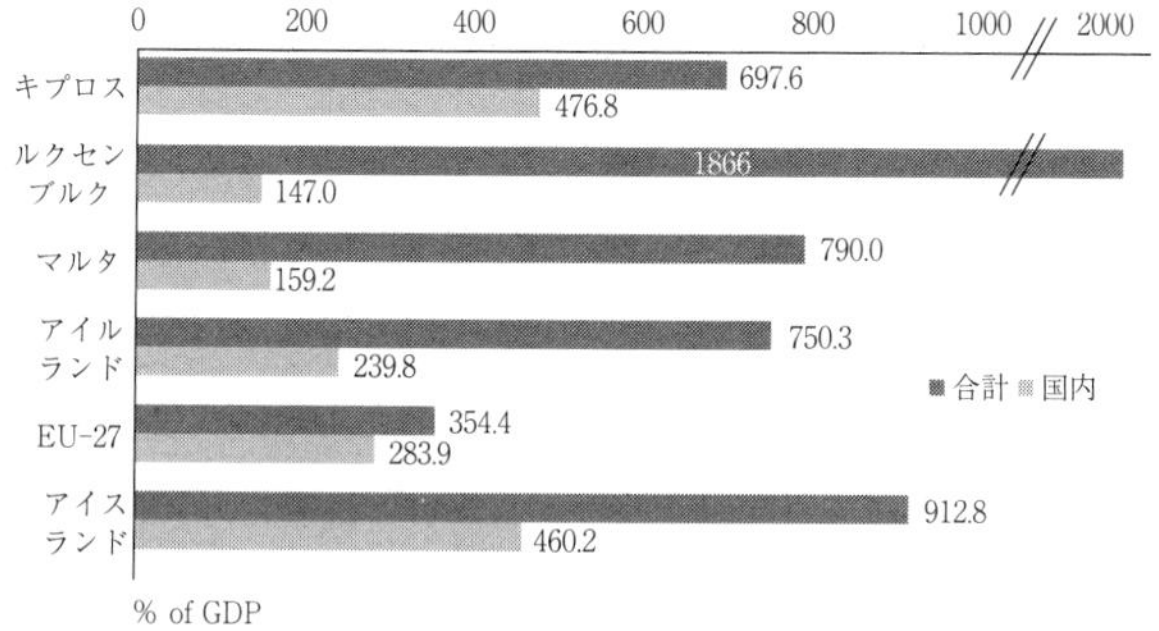

図5－3　GDPと銀行の資産の比較
出典：Financial Secrecy Index, 2020e: Narrative Report on Luxembourg, 2020をもとに作成。https://fsi.taxjustice.net/PDF/Luxembourg.pdf

得たのは、経済を金融に特化させたルクセンブルクであったかもしれない。ヨーロッパの金融市場は、おそらくルクセンブルクがなければ適切には機能しない。

そのルクセンブルクは、世界でもっとも秘密主義的な金融政策をとっている国であり、その内実はあまりわかっていない。たとえば、パナマ文書では、ルクセンブルクの四〇〇以上の金融仲介機関が言及されている。

またルクセンブルクは、アメリカに次いで世界第二位の投資信託の取扱額の国家である。その額は、三兆八〇〇〇億ユーロに達している。さらに、ヘッジファンドの取扱額が増えており、現在は世界第三位の取扱額である。

さらにルクセンブルクは、世界最大のオフショア市場であり、しかもどんどん成長している。ルクセンブルクは、ユーロ圏最大のプライヴェートバンキングのセンターであり、一四三の銀行が八〇〇〇億ユーロの資産を保有している。

ルクセンブルクがいかに金融に特化した国であるのかということは、図5-3からもうかがえる。この図は、GDPと銀行資産の比率を示したものである。ルクセンブルクは、総額では、GDPの一九倍近い銀行資産をもっている。ルクセンブルクが、オフショア市場さらにはタックスへイヴンの地であることは、ここからも推測される。

4 アメリカの金融化

†金融収入の増大

ヨーロッパのつぎに、アメリカの金融化をとりあげてみよう（本節の議論は、おおむねFasianos, Guevara and Pierros, 2016にもとづく）。図5-4は、一九〇〇〜二〇一二年のアメリカの金融部門における利益と賃金の合計額（GDPに占める割合）を示したものである。

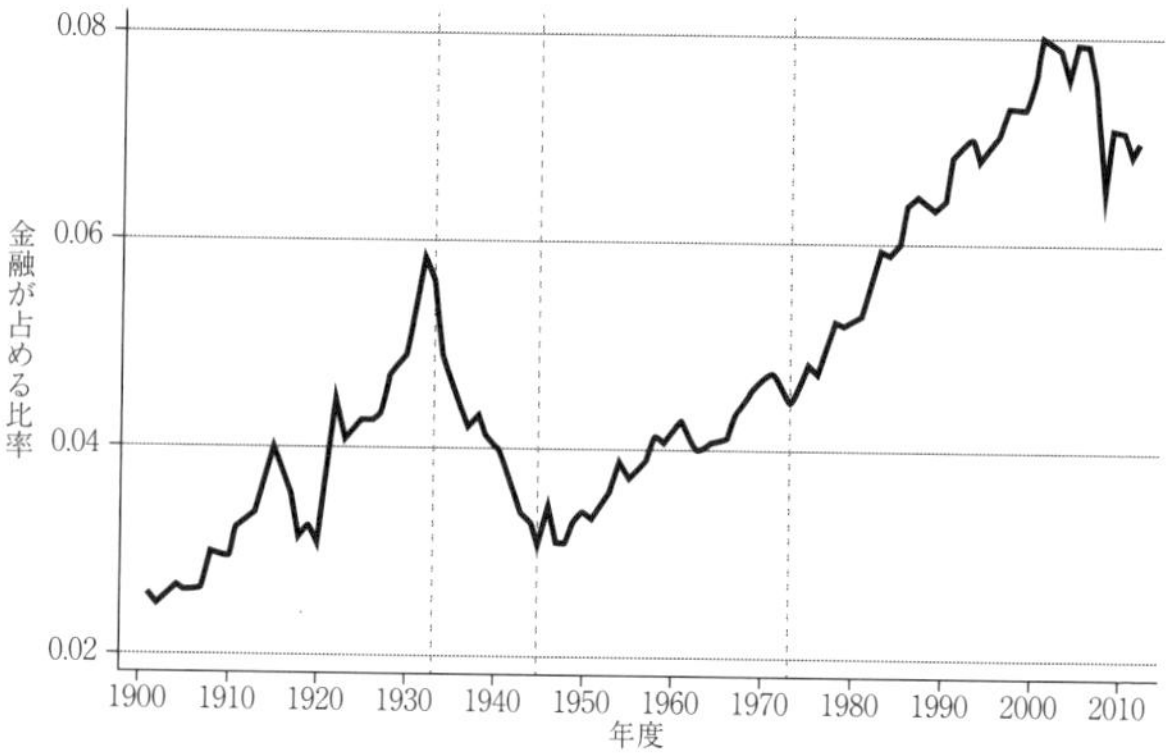

図5－4　アメリカにおける金融収入の比率（1900～2012年）
出典：Apostolos Fasianos, Diego Guevara and Christos Pierros, "Have We Been Here Before? Phases of Financialization within the 20th Century in the United States", Levy Economics Institute of Bard College, Working Paper No. 869, June 2016.

上昇傾向は、ここから理解できる。二〇世紀前半においても、一九三〇年頃までは増加しておりその後急降下しているが、これは大恐慌のためである。大恐慌以前の時代にも、アメリカの金融化は進んでいたことがわかる。また一九七四年以降、アメリカ経済の金融部門の収入は三〇パーセント増加した（年平均一・〇一パーセント）。

金融部門の重要性は、金融商品と金融サーヴィスへの消費支出からもうかがえる。一九七〇年代と比較するなら、二一世紀初頭における金融への支出額の比率は、少しではあるが上昇している。

金融庁によれば、アメリカの家計金融資産は、一九九五～二〇一五年に三・三二倍になった。日本のそれは、一・五四倍である。アメリカは、金融国家としての地位をますます高めた。金融資産は、借金と投機にあてられる。アメリカは、金融化の進展により、不安定な経済状況におかれているのである。さらに、アメリカは世界最大の経済大国であるので、アメリカで不況が生じれば、世界各地に、インターネットを通じて瞬く間に伝わってしまうことになる。

さらに二〇世紀末から現在に至るまで、アメリカ経済におけるGDPに対する広義流動性（現預金通貨に譲渡性預金、信託、国債、外債などを含めたもっとも広義のマネーストック）は急上昇している。ここからも、アメリカ経済の金融化が推測できる。

しかし、金融化をより顕著に示すのは、家計の負債である。図5-5は、二〇世紀における家計債務の変動を示している。家計債務は、一九三〇年代初頭に第一次のピークに達した。これが、大恐慌の原因の一つになったことは間違いない。家計債務の額が、一九三〇年代を上回ったのは、一九八〇年代のことであった。その後、担保付き債務は急上昇し、サブプライムローンの危機に突入したのである。それとともに、所得格差は拡大した。金融社会は、所得格差を拡大させるのである。

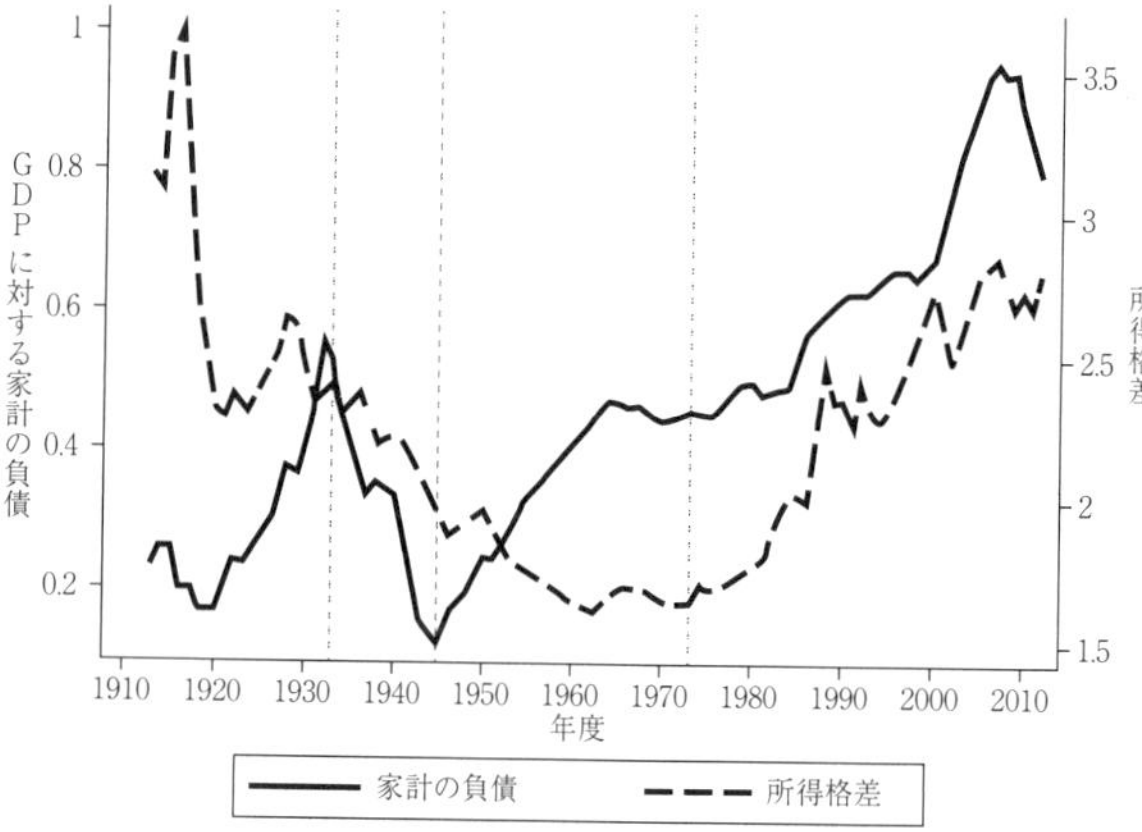

図5－5　アメリカ経済における家計債務と所得格差
出典：Ibid.

†金融化がもたらす不安点

そもそも、経済活動そのものに、投機的性格がある。人々は、ある商品の売れ行きを正確に判断することはできない。商品の需要は、市場に出さなければわからないからだ。時として、多くの人が、ある商品が非常に多く売れると判断するが、それが間違っているなら、大不況を招くことになってしまう。

したがって、マルクスがいったように、恐慌は、資本主義経済に不可避的な現象であるともいえよう。さらに、IT技術の発展で、世界経済は強く結びつけられ、あっという間に世界中に不況を感染させるようになった（以下の議論は、玉木二〇一六にもとづく）。

インターネットは、サブプライム住宅ローンの問題を悪化させた。顧客は、インターネットにより、数ある商品の中からもっとも有利な商品を選ぶことができるようになった。そのため、市場はより競争的になり、サブプライム住宅ローンのブローカーは、いち早く対応を迫られ、適正な資産評価をおこなうことができないようになった。すなわち、彼らは不動産物件を実際に見に行くということをしなかった。

ブローカーや銀行は、インターネット上で不動産を探し、鑑定士が出してきた見積額を見て、その鑑定士に仕事を依頼するかどうかを決定した。ブローカーは一番高い価格をつけてくれる鑑定士を選んだ。インターネットにより、鑑定額が引き上げられるようになったのは、そのためである。

鑑定士は、インターネットを通じて依頼があると、パソコンで地図のサイトを立ち上げ、近隣の取引事例を調べて仕事を終了させた。さらにすぐにローンの決定を可能にするオンラインシステムができ、かつては数日間かかっていた仕事が、たった数時間で完成するようになったのである。

インターネットの普及により、目の前の利益だけをみて、リスクを考えないシステムができあがったことが、サブプライム住宅ローン問題を生み出す原因となった。サブプライム住宅ローンへの抵当を証券化して金融商品として取引可能にしたサブプライムローン・モーゲージ（抵当）がつくられ、このサブプライムローン・モーゲージの価格が金融市場で下落し続け、それがアメリカ金融界に大きな打撃となった。

インターネットがあるかぎり、このような危険性はつねに社会につきまとう。世界は、デジタルメディアで、知らぬ間に強く結びつけられている。金融取引のリスクの一つが、サブプライム住宅ローンであった。

二〇〇八年には、アメリカの巨大な投資銀行であったリーマンブラザーズが巨額の負債を抱えて倒産した。この事件の影響は世界中に及び、世界経済は大きく失速することになった。これは、リーマンショックと呼ばれる。

リーマンショックは、インターネットによって増幅されたという意見すらある。インターネットによって世界があまりに強く結びつけられてしまったことで、金融危機の規模が大きくなったというわけである。

リーマンブラザーズは、サブプライム住宅ローンに関して、インターネットでは肯定的な反応ばかりを多数受け取っていた。鑑定士が家屋に低い査定額を出した情報はインターネットには出されず、高い査定額を出した情報だけが流されており、リーマンブラザーズは、その情報を信じたのである。リーマンブラザーズの倒産も、リーマンショックも、その当然の帰結であった。

†ゼネラルエレクトリック（GE）の事例

リーマンブラザーズと同様、サブプライム住宅ローンの被害を受けた会社に、ゼネラルエレクトリック（GE）がある。GEといえば、電気事業を中核とする企業として名高い会社であるが、そもそも発明王のトマス・エディソンによって創設された会社であったのだから、それも当然のことである。だがGEは、社名に「エレクトリック」をつけてはいたが、実態は金融会社へと変貌した。GEは、不動産取引のために、個人への小口貸付を数十年にわたり実行してきた。すなわちGEは、アメリカでも有数の金融企業であったのだ。二〇一五年にCEOのジェフリ・イメルトが金融部門からの撤退を宣言し、GEは銀行業から完全に撤退したが、それは、世界的に著名な経営者であったジャック・ウェルチの路線から撤退するということを意味した。

一九八〇年代初頭には、GEはジェットタービン、原子力発電炉、採掘装置、エレクトロニクスなどの生産で知られた。しかし、GEは、ジャック・ウェルチが経営を担うようになった一九八〇年代になってから、むしろ金融分野を中核とする企業へと変貌していき、アメリカ最大のノンバンクの金融企業となった。そのため、GEは二〇〇八年の金融危機の際に、大きな痛手を被ったのである。

ウェルチは、どんどん企業を買収し、その株価を高めていった。ファイナンス、なかでも大規模な資金調達を得意分野としていた。消費者信用（個人である消費者の収入などを考慮してなされる信用の供与、またはこれにもとづいておこなわれるサーヴィス）と消費者金融に力を入れ、製造業は衰退していった。二〇〇八年頃になると、GEのみならず、アメリカの企業は、製造業よりも金融業を重要視するようになっていた。アメリカは、明らかに金融の国になっていたのである。GEにはたしかに製造業部門はあったが、利益の多くは金融部門から得られた。このような傾向は、アメリカの多くの製造業の企業にあてはまった。

金融部門への移行により、GEは非常に効率よく大きな利益が獲得できる企業になった。アメリカで金融部門が拡大していった大きな理由は、利益率の高さにある。少し考えれば理解できるように、金融部門は少しの人数で大きな取引をすることができるからである。さらにウェルチは、コストを削減することで株価を高めることを目的とし、トップになってから五年間で、一一万二〇〇〇人の首切りをしたのである。ジャック・ウェルチの指導のもと、GEは電気会社から金融会社へという転換に成功した。だが、それは危険な行為であった。

GEの総資産は、二〇〇九年の年の約七八〇〇億ドルから、二〇二〇年には二五三〇億ドルと大幅にダウンすることになった。稀代の名経営者といわれていたジャック・ウェルチの政策の失敗が、ここに明らかになったのである。

†タックスヘイヴンとの関係

このような金融化は、当然、他のアメリカ企業にも大きな影響をおよぼしている。それは、一枚のコインの表と裏の関係にある。ここでは、アメリカのタックスヘイヴンについて見ていこう（以下、本項は基本的に Hines Jr. 2010 にもとづく）。

そもそもタックスヘイヴンは、高所得の国々の直接投資の主要な受領者である。直接投資をしていたのは、ほとんど多国籍企業であった。表5-1は、二〇〇四年におけるアメリカのタックスヘイヴンに対する投資額を示したものである。

アメリカ企業の海外での活動は、経済の規模以上にタックスヘイヴンに集中していた。

単位：100万ドル

国名	GDP	総資産	有形固定資産純額	財売額	純利益	付加価値	従業員給与
アルバ	2,139	2,344	714	—	—	430	88
バハマ	7,512	16,701	719	4,069	495	359	72
バーレーン	15,725	246	17	773	20	71	36
バルバドス	6,307	19,659	235	3,944	2,221	1,856	30
ベリーズ	2,525	151	20	147	5	44	5
バミューダ	2,909	455,281	4,712	47,878	28,492	5,700	218
コスタリカ	40,685	7,565	831	3,478	406	987	403
キプロス	17,500	1,065	42	702	55	219	23
香港	245,455	165,598	5,412	63,534	6,854	7,977	3,760
アイルランド	145,882	345,052	13,751	134,379	39,266	35,957	4,569
ヨルダン	26,649	206	61	148	9	35	21
レバノン	29,462	465	17	204	13	31	15
リベリア	993	2,644	613	2,520	260	419	115
リヒテンシュタイン	2,474	1,153	2	341	2	46	12
ルクセンブルク	31,640	519,147	1,213	12,409	42,540	952	575
マルタ	7,422	1,310	53	129	94	44	20
マーシャル諸島	423	2,485	1,232	835	437	526	66
モーリシャス	21,618	3,190	31	402	−272	50	9
オランダ領アンティル諸島	2,883	60,167	28	549	12,340	−8	10
パナマ	23,441	6,890	1,213	3,410	495	585	238
シンガポール	159,251	138,284	9,996	133,944	15,076	14,229	3,709
セントルシア	1,773	77	18	56	14	21	4
スイス	258,934	317,023	6,825	135,897	26,041	17,096	5,681
イギリス領カリブ海諸島	3,170	284,563	2,051	20,004	13,973	1,814	423
タックスヘイヴン総計	1,056,772	2,351,266	49,806	569,752	188,836	89,440	20,102
すべての国（アメリカを除く）	45,983,540	8,688,553	766,865	3,312,531	450,760	818,256	331,593
タックスヘイヴンのパーセンテージ	2.30%	27.06%	6.49%	17.20%	41.89%	10.93%	6.06%

表5-1　アメリカのタックスヘイヴンへの投資額（2004年）

出典：James R. Hines Jr., "Treasure Islands", *Journal of Economic Perspectives*, 2010, 24(4)をもとに作成。

タックスヘイヴンのなかで、地所、工場、設備が集中している地域は、香港、アイルランド、シンガポール、スイスである。アメリカの企業がタックスヘイヴンに金融を集中させていたことは、表5-1に現れている。アメリカの多国籍企業は、外国における総資産の二七パーセントをタックスヘイヴンに投資していた。この表の数値からも、アメリカの多国籍企業が、さらにアメリカ経済自体が、いかに強くタックスヘイヴンと結びついていたかがわかるであろう。

一九九二〜二〇〇六年のタックスヘイヴンの成長率と世界経済の成長率を比較すると、年平均で、前者が二・八五パーセントであったのに対し、後者は二・四二パーセントであった。このような差が生じたのは、世界経済が金融化し、タックスヘイヴンに資本が流入したからであろう。そのような国の一つに、アメリカがあったのである。

世界最大の金融都市であるニューヨークが、さまざまなタックスヘイヴンと結びついていることは想像に難くない。かなりのカネがニューヨークを経由して世界のタックスヘイヴンに流出したと。マンハッタンは、世界有数のオフショア市場だからである。

またアメリカ国内のタックスヘイヴンとしては、デラウェア州がある。この州は、会社に対する規制の完全撤廃をするか、それに近い状態を実現することによって、多くの企業の誘致に成功したのである。したがってデラウェア州は、アメリカ国内（オンショア）のタックスヘイヴンと呼ばれるのである。

しかも、オフショアとオンショアが結合することで、この二つを識別することは難しくなった。カネに色がついているわけではないので、世界のカネは、オフショアとオンショアを自由に行き来することができる。その典型として、国内にも大きな金融市場をかかえているアメリカがある。これは、イギリスと似た特徴である。

すでにEU諸国が世界中のタックスヘイヴンと非常に強く結びついていることを論じた。それは当然、アメリカにも当てはまる。

5　IT企業とタックスヘイヴン

†GAFA

世界が金融化する状況下において、大きな利益を獲得しているのは、IT系の企業である。それは、これらの会社の特性に由来する。

ＧＡＦＡ（グーグル、アマゾン、フェイスブック、アップル）に代表される巨大ＩＴ企業は、ユニークなビジネスモデルを展開することで世界経済を席巻する一方、その巨額の利益を税率の低い国やタックスヘイブンに留保し、利益を上げている消費者のいる国には十分な税負担をしていないと指摘されてきた。経済協力開発機構（ＯＥＣＤ）の試算によると、世界の法人税収の四〜一〇パーセントに相当する一〇〇〇億〜二四〇〇億ドル（一ドル＝一〇〇円換算で一〇兆〜二四兆円）にも上る税負担が回避されているという。（引用者注：算用数字を漢数字になおした）

（森信茂樹「デジタル経済にどう課税するか、24兆円も負担回避するＧＡＦＡ」https://www.nippon.com/ja/in-depth/d00511/）

ここに引用したのは、デジタル経済と課税問題に詳しい森信茂樹の言葉である。巨大ＩＴ企業は、製造業よりも、実効税率が低い。すなわち、巨大ＩＴ企業は、租税回避に成功しているのである。実際、森信茂樹によると、二〇一七年のアップルの実効税率は、グローバルベースで二四・六パーセント、海外収益に関するものは二一パーセントであり、ア

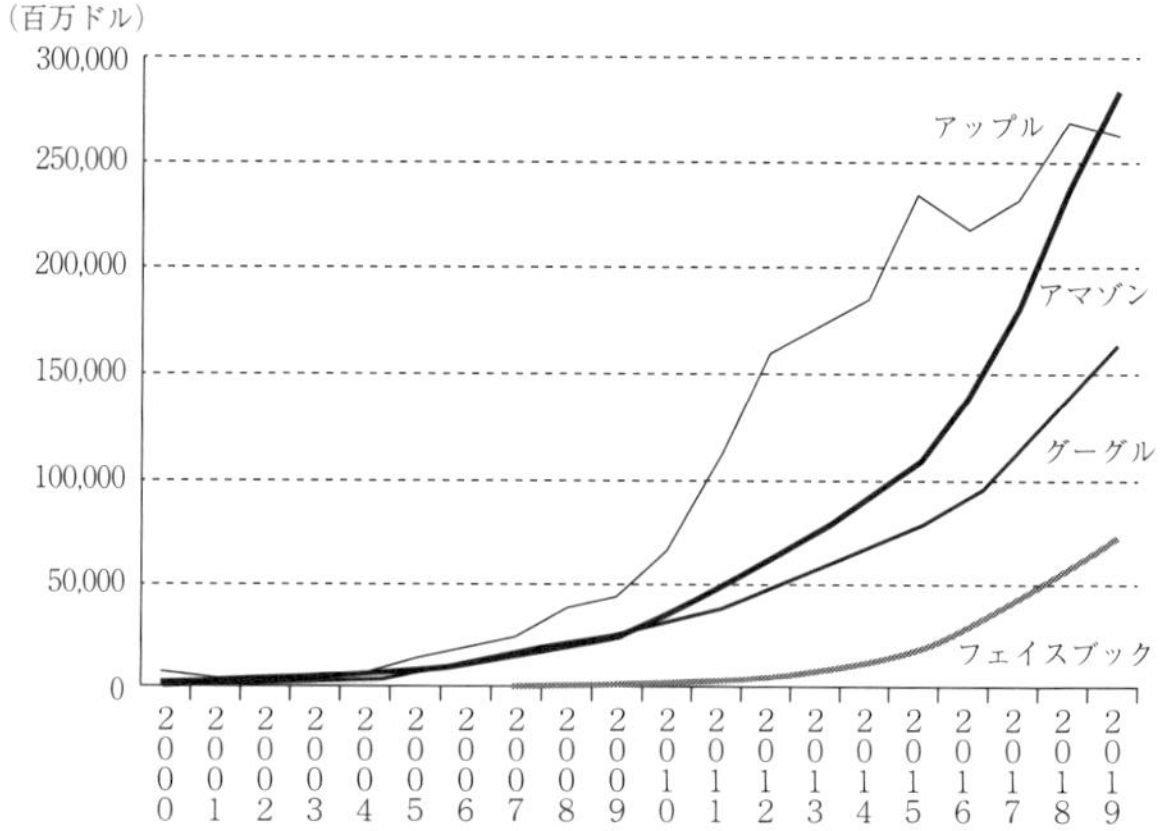

図5－6　GAFAの売上高推移
出典：齋藤浩史『GAFAの決算書』かんき出版、2020年、30頁。

メリカの法定税率三五パーセント（当時は連邦）、実効税率四〇・七五パーセントと比較すると、かなり低いのである。製造業は実効税率の税額を支払っているのに、巨大IT企業はそうではないのだ。

GAFAの売上高が急上昇していることは、図5-6に書かれている通りである。二一世紀に入った頃には、あまり目立つ存在ではなかったこの四社（フェイスブックは二〇〇四年の創設）の売上高は、ITの発展、あるいはIoT（モノのインターネット化）とともに、急激に成長した（以下、本項は基本的に齋藤二〇二〇にもとづく）。

成長率が著しいだけではない。GAFAについて詳しい齋藤浩史によれば、営業利益も大きいのである。二〇一八年度のグーグルの営業利益は約三〇〇億ドル、アップルは約七〇〇億ドル、フェイスブックは二五〇億ドル程度、アマゾンは一三〇億ドルほどであり、それに対しトヨタは二〇〇億ドルを少し超えたくらいである。アップルの営業利益の大きさが目をひく。

さらに、研究開発費（R&D）も巨額である。齋藤によれば、二〇一九年の研究開発費は、アマゾンが三五〇億ドルを超えており、グーグルが二五〇億ドルを超える。マイクロソフトとアップルも一五〇億ドルを超えているのに対し、トヨタは一〇〇億ドルを少し超える程度である。

さらに、GAFAは時価総額でも群を抜いている。二〇二〇年八月一日七時四〇分時点でアップルが約一兆八四〇〇億ドル、アマゾンが約一兆五七八〇億ドル、フェイスブックが約六八〇〇億ドルである。それに対し日本最高額のトヨタは、約一六五〇億ドルである。

さらにGAFAは、有形資産ではなく無形資産の比率がきわめて高いことで有名である。以前は、無形資産は会計上「資産」という扱いをしていなかったのであるが、現在では非常に有力な資産だとみなされている。たとえば、GAFAではないが、二〇〇六年度のマイクロソフト社の無形資産に関して、以下のような指摘がある。

マイクロソフト社の資産を計上するバランスシートを見たら、総資産は七〇〇億ドルほどで、うち六〇〇億ドルは現預金や金融資産だ。工場や設備といった伝統的な資産はたった三〇億ドル、マイクロソフト社の資産の四%という微々たるもので、時価総額の一%にすぎない。つまり伝統的な資産会計によると、マイクロソフト社は現代の奇跡だ。これは資本なき資本主義なのだ。（引用者注：算用数字を漢数字になおした）

（ジョナサン・ハスケル、スティアン・ウェストレイク『無形資産が経済を支配する――資本のない資本主義の正体』山形浩生訳、東洋経済新報社、二〇二〇年）

企業がもつ資産のあり方は、二一世紀になって、急激に、しかも大きく変わった。それまで経済を牽引してきた製造業は、従業員も多く、大工場があり、資産といえば有形資産がほとんどであった。

だが、ＩＴが発展すると、知的財産の重要性が著しく増加し、無形資産が有形資産よりも重要な地位を占めるようになっていった。従業員数も、製造業と比較すると少ない。二〇二一年の Fortune 500によれば、アップルの年間売上は約二六〇〇億ドル、トヨタのそ

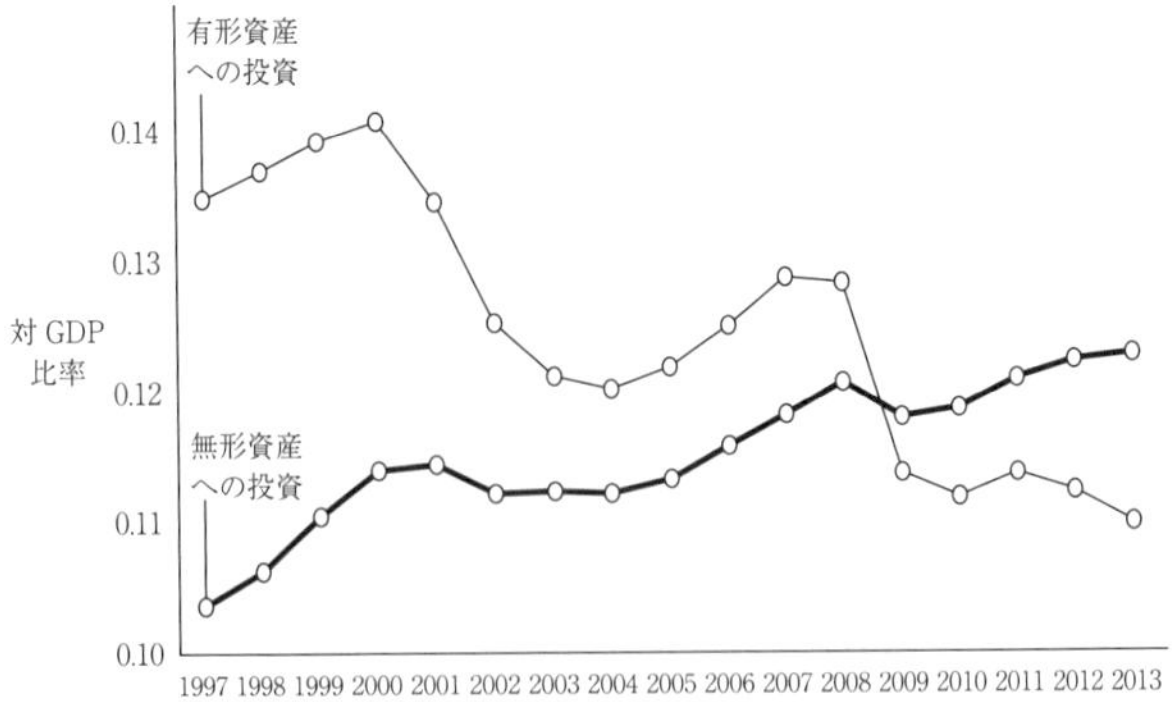

図5-7　ヨーロッパとアメリカの無形資産への投資
出典：ジョナサン・ハスケル、スティアン・ウェストレイク『無形資産が経済を支配する』山形浩生訳、東洋経済新報社、2020年をもとに作成。

れは約二七五〇億ドルであまり変わらない。それに対し、従業員数はそれぞれ約一四万七〇〇〇人（https://www.macrotrends.net/stocks/charts/AAPL/apple/number-of-employees）と約三六万人で、アップルが圧倒的に少ない。IT企業は、製造業よりもはるかに経営効率が良いといえよう。

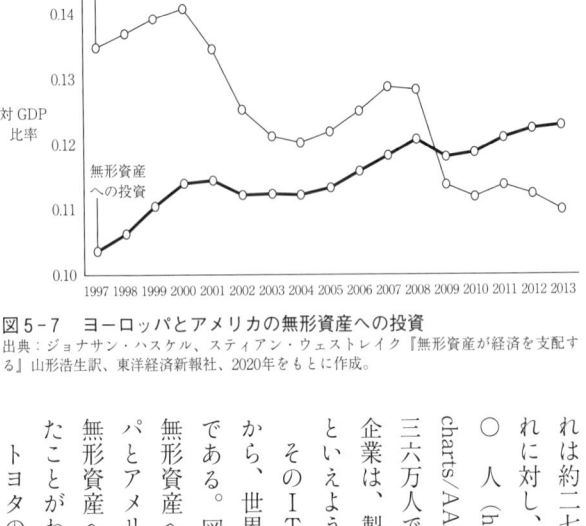

そのIT企業が無形資産を重視しているのだから、世界全体が無形資産を重視するのは当然である。図5-7は、ヨーロッパとアメリカの無形資産への投資を表す。ここから、ヨーロッパとアメリカでは、リーマンショックの頃に、無形資産への投資が有形資産への投資を上回ったことがわかる。

トヨタの会計では、無形資本は重視していない。しかし、さまざまな技術や経営上のノウハウをもつトヨタであるので、資産総額はとてつもなく大きくなる可能性がある。だが、ＩＴと異なり、製造業に属するトヨタは、あまり身軽に動けるわけではない。つまり、一般的に考えるなら、製造業への投資回収はＩＴよりも時間がかかり、時代の変化に対する対応に時間がかかる傾向があるように思われるのだ。

ハスケルとウェストレイク（二〇二〇）によれば、無形資産への投資はＩＴが生み出したものではなかった。現代の情報技術が今のような形で発達したのは、生産と運用をコントロールするというニーズがあったためである。すなわち、無形資産への投資がＩＴの偶発的な発明への対応として起こったものではないのだ。

無形資産への投資が増大した説明として考えられるのは、企業が生み出すモノのバランスが変わったということである。先進国においては、ドイツや日本のような巨大製造業部門をもつ国でさえ、サーヴィス業が主要産業になっている。

サーヴィス業は、一九九〇年代後半には有形投資が多かったが、それが逆転した。グローバリゼーションが進むと、先進国は比較優位をもつ分野にさらに専門特化しなければならなかった。製造業においても、より高度な、あるいは複雑な技術への投資がおこなわれた。

森信茂樹によれば、企業が生み出す価値のなかで無形資産の重要性が高まると、それを低税率国やタックスヘイヴンに移転させることで、租税を回避することが容易になっていった。無形資産は有形資産と異なり、契約一つで容易に国境を越えて子会社などに移転させることが可能である。GAFAは、自ら集めたビッグデータをもとに、無形資産が多い企業をビジネスモデルの中核に据えようとしているのである。

無形資産に税金をかける方法については、これまでも先進諸国で議論の対象となってきた。

デジタル経済は、無形資産に大きく依存し、一国に物理的な拠点を設けず、事業規模を拡大することができる。とすれば、従来のような国家単位での税金のかけ方では税を徴収することは難しくなる。しかも、タックスヘイヴンを利用し、租税を可能なかぎり回避することも可能である。OECDとG20では、それに対抗するため、新たな課税方法を模索しているところである。

企業の租税回避傾向は、アメリカの資本主義によって強化されたといえよう。アメリカが形成した資本主義の特徴として、株主の利益を最大限に尊重するということがある。会社の所有者は株主であり、株主のために会社があると彼らは考える（この考え方を株主資本主義という）。従業員の待遇を良くするのが株主の責任だという発想は、株主資本主義には存在しない。したがって彼らは、「便益を享受しながら責任を負わない」という無責任なスタンスをとっているといえるだろう。

しかも株主には、彼らが所有する企業が支払う税金をできるだけ安くするという権利まで付与されるようになった。だからこそ、企業には、タックスヘイヴンを利用する必要があるという見方ができよう。株主資本主義では、会社は株主の所有物であり、彼らの財産である株価の上昇が不可欠だという思想がある。それは、金融部門の過大視をもたらした。GDPの金融化は、本来あるべき数値よりも、経済に対する金融の寄与度を高めることになった。

こうしたことにより、ごく一部の人々は金持ちになるが、それでも世界は豊かにならないのだ。その具体的状況については、次章で述べたい。

†おわりに――顧客第一主義と労働者

アマゾンの創設者であるジェフ・ベゾスは、「我々は正真正銘、顧客第一ですし、正真正銘、長期的です。また、正真正銘、創意工夫を重視しています。ほとんどの会社は違います。顧客ではなく、ライバル企業のことばかり気にします」（ブラッド・ストーン著『ジェフ・ベゾス　果てなき野望』井口耕二訳、日経BP、二〇一四年）という。だが、彼には従業員第一という意識はなさそうだ。

ルポライターの横田増生が述べているように、アマゾンの倉庫では、長時間労働が当たり前であり、さらには次のように告発されている。

> ボクは、アマゾンが自分たちに都合の悪いことは何でもかんでも隠し通そうとする姿勢に嫌気がさしたんです。小田原［の倉庫］では作業中に亡くなった人を何人も知っています。けれど、亡くなった翌日に、花瓶に入れた花を飾るだけで、ワーカーさんには何も説明しないんです。ボクが、死亡事故の後で、ワーカーさんにもちゃんと説明した方がいいんじゃないですか、と社内で言っても、みんなに話してもたいして意味がないから、といったわけのわからない理屈をつけて、説明することから逃げたことがありました。
>
> また、自分たちがセンター運営に関する大きなミスをしてワーカーさんに迷惑をか

けても、それを謝るわけでもなく、ひたすらごまかそうとします。

（横田増生『潜入ルポ amazon 帝国』小学館、二〇一九年）

ベゾスが、果たして顧客第一主義をとっているのかどうか、簡単には判断できない。ただ、彼が労働者の労働環境を重視しているとは、到底思えないことは事実である。

企業の所有者が株主であり、企業は株主の利益を増大させることを期待されている。しかし奇妙なことに、株主には従業員の待遇を良くする義務はない。つまり、株主とは、企業の所有者であり、企業が生み出す利益を享受する人々であり、しかし企業の経営に対する責任を持たないということになるのではないか。横田増生の書物に書かれているのは、もしかしたらそういうことなのかもしれないのだ。

第6章

GDPは正しいか?

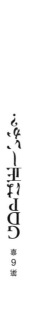

1　成長するＧＤＰ？

†ＧＤＰは信頼のおける指標なのか

大衆消費社会から金融社会へと移行しても、経済は成長し続けた。それは、ＧＤＰの成長という形で示される。ピケティも、ＧＤＰをもとにして経済成長を論じている。

図6-1は、先進国、発展途上国、世界全体の経済成長率を表したものである。二〇〇九年の大幅な下落はリーマンショックの、二〇二〇年のさらに大幅な下落（予測値であろう）は、新型コロナウイルスの影響によるものである。

これを見ると、上下動があるとはいえ、二一世紀の世界経済は成長しているようである。成長の根幹にあるのは、これまでの諸章からわかるように、金融部門であったと考えられる。

だが、金融は本当にＧＤＰに含まれるのだろうか。ここで議論すべきは、そのことである。もちろん、ＧＤＰに関しては、いくつもの批判が出されている。たとえば家庭内で料

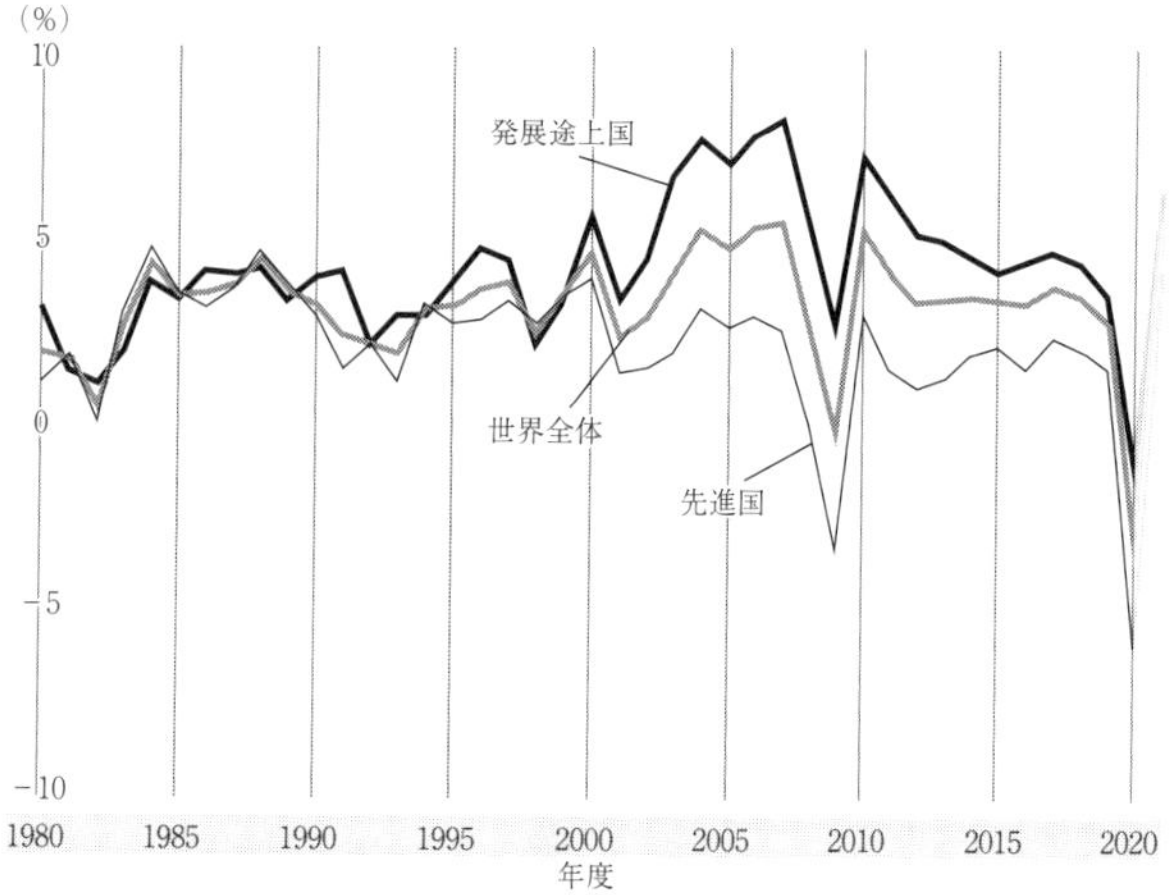

図6－1　実質GDPの成長率
出典：IMF, World Economic Outlook（April 2020）をもとに作成。

理をつくってもGDPには加わらないのに、外食をするとGDPが増えるのはおかしい、というようなものである。GDPに含まれるのは、市場での経済活動に限られているのである。さらに、ノーベル経済学賞受賞者のアマルティア・センは、平均余命指数、教育指数、GDP指数からなる人間開発指数（HDI）という指標をつくった（しかしこの数値自体、GDPの数値をそのまま用いていたうえで、他の指数を含んだ数値を出している）。

たしかに多くの問題点があるにせよ、GDPは現在もなお、経済指標としてもっとも広く使用されているものである。だが、市場経済だけの計算に限定するとしても、本当にGDPは信頼のおける指標なのだろうか。

このような問題意識をもった研究者は、これまで何人もいた。本章ではこの疑問に対し、もっとも根底的な批判を加えたヤコブ・アッサの議論（Jacob Assa, *The Financialization of GDP*, Routledge, 2016.〔邦訳『過剰な金融社会』玉木俊明訳、知泉書館、二〇二〇年〕）をもとにして論じ、消費社会から金融社会への移行がどのような意味をもったのかという問題について、筆者なりの結論を出したい。

†GDPの計測は正しいか——過大評価される金融部門

国内総生産（GDP）とは、一定期間内に国内で生み出された付加価値の総額のことをいう。それは多くの人が知っているが、どのような根拠にもとづいて計算されているのかを知る人は少ない。

GDPの計算の基盤をなす国民経済計算体系（SNA）が誕生したのは、一九五三年のことであった。これによりGDPがどのように計算されるのかが決定された。

SNAは、これまで四回の改訂を経てきた。一九五三年、一九六八年、一九九三年、二〇〇八年である。そのたびに、SNAのマニュアルのページ数は分厚くなっていった。S

ＮＡ１９５３は五七頁、ＳＮＡ１９６８は二五三頁、ＳＮＡ１９９３は八三八頁、ＳＮＡ２００８になると減少したが、それでも七二二頁もある。これはいわばＧＤＰ計算のためのマニュアルであるが、年を経るごとにきわめて複雑になってきたのだ。

このようにマニュアルが分厚くなったのは、そもそもＧＤＰ自体が一定の計算手法にもとづいた経済統計ではなく、多様な資料からとられた統計を使用するものだったためでもある。ＧＤＰは、それぞれの数字の独自性、計算の規則、一連の経済理論、仮定を組合せ、さらに実際には市場取引されていないものを取引されたと仮定する帰属計算が含まれるなど、仮定に仮定を重ねた数値である。実際、『過剰な金融社会』を読めば、ＧＤＰがいかに複雑に計算されているのかがわかる。したがって、誤差が生じる可能性はかなり高い。

ＳＮＡ１９５３では、金融活動は、ＧＤＰには入ってはいなかった。付加価値のアプローチをベースとしたＧＤＰの計算から除外されていたのは、それが単に資本の移転（ある分野から別の分野へと資本を移動させるだけであり、それ自体では何も生み出さない）であり、非生産的であるとみなされていたからである。ＳＮＡ１９６８では、金融部門の生産は、生産のない非現実的（想像上の）産業に対する投入だとみなされた。当初、金融活動は付加価値を生み出すとは思われていなかったのである。

一九五三年、一九六八年、一九九三年のＳＮＡの歴史は、金融とは仲介だという概念をもとに展開していった。ＳＮＡ１９５３は、金融仲介（借り手と貸し手の仲介）を生産的ではないものとして扱い、ＳＮＡ１９６８は、暗黙のうちに生産的だとしたにすぎないが、ＳＮＡ１９９３は、初めて、金融仲介を二つの別々の生産活動だと定義づけた。それは、借入れと貸付であり、銀行自体の資金を使用することが生産的活動だとみなされたのである。逆にいえば、銀行の経営活動は、当初はＧＤＰには組み入れられていなかったのである。

さらにＳＮＡ２００８になると、金融仲介機関の活動は、明確に生産的になった。ＳＮＡ２００８は、ＳＮＡ１９９３よりも多くの新しい金融商品を含むようになった。元来金融は、ＧＤＰではなかったのが、ＧＤＰに含まれるようになったばかりか、その割合が増えていったのである。

金融（Finance）以外で、本来はＧＤＰに含まれないものとして、保険（Insurance）と不動産（Real Estate）がある。これらは、その頭文字をとって、ＦＩＲＥと呼ばれる。アッサは、ＦＩＲＥ部門は、他のすべての生産のための中間投入ないしコストだと考える。すなわち、ＧＤＰに含むべきではないという。しかし、現在は保険も不動産もＧＤＰの計算の中に含まれている。そのため、GDPはますます肥大化する傾向にある。

2　さらに肥大化するGDP

†R&DがGDPに組み込まれる

二〇一三年に、アメリカの第2四半期のGDP推計に対する計算方法が改正された。この新しい定義によれば、研究開発（R&D）が固定投資の一部に含まれるようになった。この項目は、生産過程の中間投入としてみなされ（つまり付加価値を生み出すとは考えられておらず）、GDPから除外されていたのである。

しかし、GDPとしてカウントされることになり、これにより五六〇〇億ドルが、総生産額に加えられ（スウェーデンのGDP総額よりも多い）、アメリカのGDPを、一六兆二〇〇〇億ドルにまで増加させた。これにより、好都合なことに、アメリカのGDPは高められ、世界最大の経済大国になり、急速に差を詰めつつある中国に対して、少し大きなマージンを得ることができたのである。

だが、このように変化したのは、アメリカだけではない。カナダはすでに二〇一二年に、オーストラリアにいたっては、二〇〇九年の段階で同様のことをしていたのだ。これによりカナダは、一人当たりに換算したGDPのOECDの国家ランキングで大きく上昇していた。

筆者の考えでは、R&Dは、それによる成果があってはじめて、すなわち、企業が利益を獲得できて初めてGDPに加えられるべきものである。ところが現在では、おそらく国家が自国のGDPを増加させることも目的として、R&DをGDPに入れているのである。そこには、客観的な指標により健全な経済政策を実行するという健全な精神からは、国家がはるかに離れた場所にいることがうかがえる。

†FISIMの導入

FISIM（Financial Intermediation Services Indirectly Measured）とは、明示的には料金を課さない金融仲介サーヴィスをいう。具体的には、利子収入がそれにあたる（手数料は明確に額がわかるので、FISIMには入らない）。

これもまた、以前にはGDPに入っていなかったのが、現在ではGDPにカウントされるようになった。SNA1993において、FISIMは多様な用途（すなわち、金融仲介機関のサーヴィスを購入する産業）に用いられるようになっていた。

3　正確な付加価値の計算

†最終的（Final）GDP＝FGDP

GDPに占める金融のウエイトは高まっていった。だがアッサは、金融はGDPにいれられるべきではないと主張する。銀行が企業に融資したなら、企業が利益を出してGDPを上昇させるのであり、その貸付額をGDPに入れたなら、二重計算になってしまう。

アッサによれば、FGDP（最終的GDP）は最終的純生産額だけをカウントする。FGDPは純生産の計測であり、金融の生産を中間投入として扱い、それを総付加価値から削除する。さらに、金融部門に帰属する付加価値を除外する。このようにして、金融の寄与度があまりに高くなるGDPとは異なる、経済の実態により近い数値を提供することができると主張するのである。

もし金融手数料を企業が金融機関に支払う一種の税金のようなものととらえるなら、それはＧＤＰに入れるべきではない。金融活動による利益を含まないＦＧＤＰという指標は、先行指標（景気動向を示す経済指標のうち、将来の景気や企業業績を見通せる指標）、総需要に対する近似値、生活水準の計測のすべて、ＧＤＰよりも正確に現実を反映する。経済学的・統計学的利点に加えて、ＦＧＤＰには経済的に重要な意味がある。

経済を理解するためにＧＤＰを使用することが間違いなのは、金融サーヴィスをＧＤＰに含めたために、ＧＤＰが需要、生産、雇用に応じて動くのではなく、金融所得の増加によって生じる統計バブルを生み出してしまい、金融を過大評価するからである。そのため、不景気と景気後退の大きな差異が、多額の金融資産により隠蔽されてしまうことになる。

現在では、「雇用なき経済成長」という表現が用いられることがある。すなわち、ＧＤＰが上昇しているにもかかわらず、失業者が増えてしまっているのだ。これこそ、ＧＤＰが実体経済とずれてしまっている証拠になる。

ここで具体的に、ＦＧＤＰとＧＤＰを比較しながら、ＦＧＤＰの有効性を示してみたい。

表6-1と表6-2は、一九九〇～九一年の景気後退と、二〇〇八～〇九年の大不況によるＧＤＰとＦＧＤＰの影響を比較したものである。どちらも、ＦＧＤＰのほうが影響が大

	GDP	FGDP
1990年第4四半期	−0.9%	−0.9%
1991年第1四半期	−0.5%	−1.6%
合計	−1.4%	−2.5%

表6－1　1990～91年
出典：アッサ、2020

	GDP	FGDP
2008年第4四半期	−2.2%	−1.8%
2009年第1四半期	−1.4%	−4.0%
2009年第2四半期	−0.1%	−1.6%
合計	−3.7%	−7.4%

表6－2　2008～09年
出典：上掲書。

きいことがわかる。逆にGDPは、現実の不況の大きさを隠蔽する傾向があると考えられよう。表6－2から、GDPとFGDPを比較すると、リーマンショックの影響は、FGDPにより計算したほうが大きい。おそらくそれは、より実感に近いことだろう。

一九九五年から、GDPとFGDPの乖離は目立つようになった。GDPでは景気が回復しているように思われる時でも、FGDPを見ると、景気が回復していないことがしばしばあった。GDPでは景気が回復しているのに失業率が

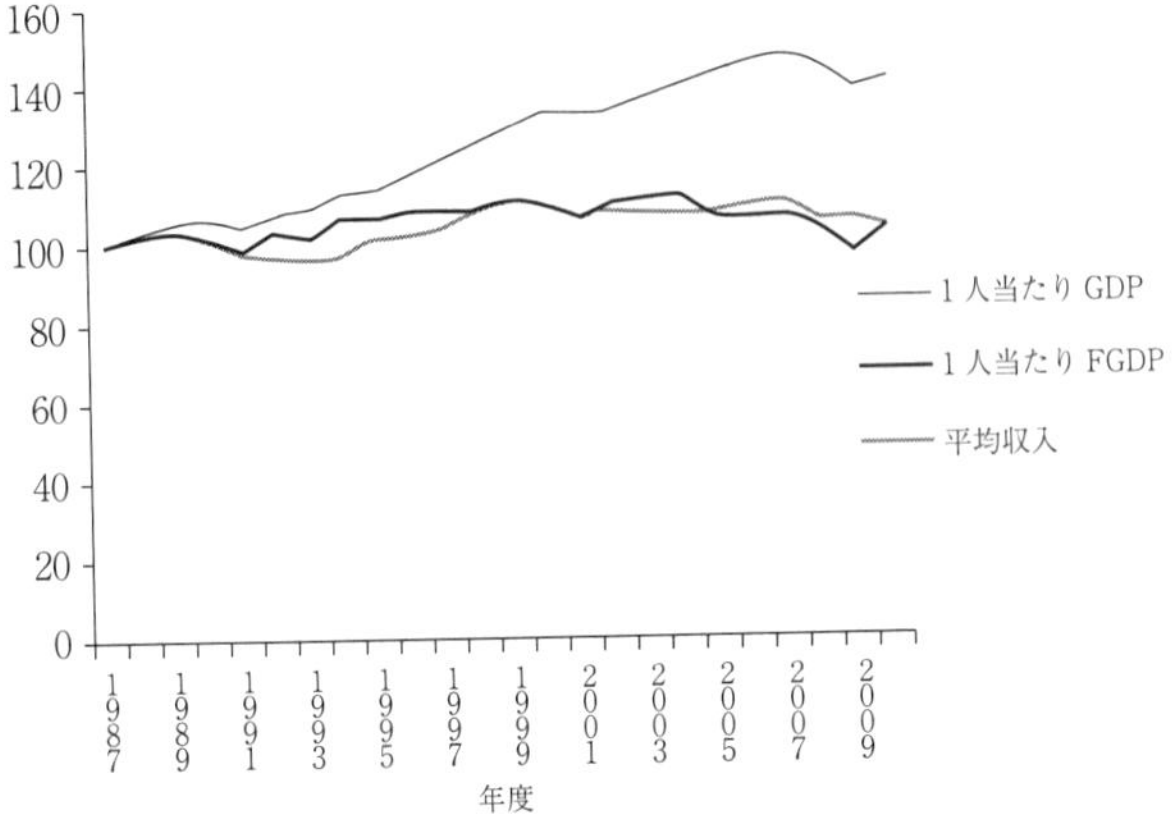

図6-2　一人当たりのGDPとFGDPの指標と世帯収入の中央値（1987-2010年）
出典：アッサ、2020

下がらないということもあるが、本当は景気が回復していないのだから当然である。GDPよりもFGDPのほうが先行指標として適切であることが、ここからもいえるのである。

さらに、図6-2からは、FGDPが伸びていないことから、一九八七～二〇一〇年のGDPの伸びは金融の比率が上昇したからであり、金融を除くなら、経済は成長しなかったと推測される。さらに、この間に世帯収入の中央値は伸びていないのだから、金融部門をGDPに入れないFGDPのほうが適切な経済指標であるように思われる。

平均値ではなく中央値で見ると、収入が

とくに多い人々が存在することで数値が大きくなることはなく、通常の人々がどの程度の収入を得ているのかがわかる。結局、GDPは増えたものの、それは金融部門が肥大化したからであり、一般の人々の収入増には結びついていないのである。つまりGDPが増えても、ふつうの人々の暮らしが良くなったのではなく、ミドルクラスの人々が少なくなり、金融投資によって大きな利益が得られる少数の金持ちが出現したと考えられるのである。

†金融をどうとらえるのか

このように、GDPにおける金融の寄与度は過大評価されていると結論づけられる。一九五三年の時点ではGDPに含まれていなかった金融部門が、二〇〇八年には含まれるようになった。とすれば、最近の経済成長率の高さのかなりの部分はそのためだと考えられよう。GDPの中身が異なっているのだから、一九五三年のGDPと二〇〇八年のGDPが同じことを意味するとは思われない（仮に、のちに新時代の基準に従い補正されて計算されたとしても）。

金融とは、あくまで仲介部門であり、人々からカネを調達してそれを企業に投資することを手助けする存在である。それ自体が富をもたらすものではないというべきであろう。

この事実にもとづき、アッサは、金融部門は本来、ＧＤＰに入れるべきものではないと主張するのである。

とはいえ、さまざまな産業の中で、金融業が非常に大きな利益を得られる産業であることも事実であろう。だからこそ、金融業で、非常に優秀な人たちが働こうとするのである。しかしまたそこから、問題が生じる。もしアッサの意見が正しいとするなら（筆者はアッサに同意する）、一般の人たちに直接利益をもたらすわけではない産業部門が巨額の利益を獲得できる産業となっていることになるからだ。

ほぼ確実なこととして、少なくとも金融部門の経済への寄与が現在あまりに過大評価され、ＧＤＰとしてカウントされるはずのない金融活動がＧＤＰに含まれることがある。金融部門は、他部門への投資が利益を生み出すことにより収入を得る。決して金融部門自体が富をもたらすわけではない。さらに、金融活動による手数料収入ないし利子収入は、他部門が金融部門に支払うものであるため、それは資本移転にすぎず、富を生み出してはいない。

したがって本章の冒頭に掲げた図6－1は、決して真の経済成長率を表してはいないと考えられる。不況期の落ち込みはもっと大きかったし、好況期の上昇率はもっと小さかったはずだと考えられよう。

†おわりに

最後に、第一章で提示したピケティの主張をふたたび見てみよう。彼は、資本収益率（r）が経済成長率（g）よりも大きければ富の集中が生じると主張した。

ピケティは、現代の格差社会を、金融社会の発展のために生じた現象だとはみなしていない。しかし、筆者がこれまで論証してきたように、もし金融部門がこれほどに発達せず、世界全体を覆うようなことがなければ、現代的な意味での格差社会は生じなかったと思う。

スーパーリッチな人々が所有する富は、ミドルクラスや貧困層の人々がもつ富をどんどんと少なくしていった。それは、耐久消費財の購入にもとづく大衆消費社会とは異なる社会が生まれたことを意味するのである。

タックスヘイヴンを利用して、大企業やスーパーリッチな人々は、課税額をかなり減少させることができる。しかし、一般の人々には、そのようなことは到底不可能である。現代社会の大きな問題は、一部の人が非常に豊かになり、ミドルクラスの人々の数が大きく減少し、社会全体としては貧しくなっていることにあろう。多くの人々は、本来ならもっと富裕な人々、さらには多国籍企業が支払うべき税金の肩代わりをさせられているということになる。

現代の所得格差は、ピケティの主張とは異なり、金融社会の発達のためだというのが本書の主張である。GDPに占める金融部門の比重が拡大し、それは富裕者層の富を著しく拡大させる結果となった。

それを是正するためには、累進課税の税率を増やせば良い。だが、累進課税という制度は、スーパーリッチな人々を国外に居住させてしまうという問題点がある。したがって、現実には、累進課税の税率を上昇させることは非常に難しい。

われわれは、見かけのGDPの上昇に惑わされてはならない。アッサがいうように、金融は経済に付加価値をもたらすものではなく、豊かさの指標とはいえないからである。筆者はアッサと同様、経済成長率の測定には、金融部門を除いたFGDPを使用すべきだと主張したい。

金融化によって、所得や富の格差が拡大した世界が生まれた。そして社会の安定化を示すミドルクラスの人々は減少した。残念ながら現在のシステムでは、格差が是正される見通しはかなり少ないというほかない。

金融社会が続く限り、格差は拡大するであろう。直観的に、工業社会のほうが金融社会よりも所得が平等になりやすいということは、誰しも認めるであろう。だが、われわれはもはや工業社会には戻れない。われわれには三種の神器・新三種の神器のような耐久消費財はなく、ミドルクラスが拡大するという見通しはもてないのだ。

あとがき

本書執筆のインスピレーションになったのは、すでに述べたように、トマ・ピケティの『21世紀の資本』、そして最終章で使用したヤコブ・アッサの『過剰な金融社会』であった。ピケティのいうように、現在の社会では格差が拡大する一方であり、さらにアッサが主張する通り、GDPは経済の実態を示しておらず、そもそも金融をGDPに含めるべきではない（少なくとも、金融部門の経済成長率に対する寄与度が過大評価されている）とするなら、格差社会が生じた理由を金融部門の肥大化に求めるのは当然のことだと思われる。それが、筆者の結論となる。

誤解しないでいただきたいが、筆者は金融部門が重要ではないと言うつもりはさらさらない。金融が、経済の潤滑油であることはたしかだろう。金融なしでは、あらゆる産業が成り立たない。だが金融が、直接GDPの増加につながるとは、筆者は思っていないということなのである。

筆者は大学院時代、近世のバルト海地方と西欧との貿易を研究することで、研究者のはしくれとなった。この貿易ではオランダ船が多数使用されていることを知り、やがてヨーロッパの海運業の発展へと関心を移した。

中世のヨーロッパでは、アジアの船でエジプトのアレクサンドリアまで輸送された香辛料を、イタリアの船がヨーロッパ内で流通させていた。それに対しポルトガルは、ポルトガル船で東南アジアまで航海し、香辛料を輸入した。そして、ポルトガル人は、自国の船で、日本にまでやってきた。その後、オランダやイギリスも、自国船でアジアまで来た。それればかりか、ヨーロッパ人は、それまでアジアの船で交易がなされていた地域でも、ヨーロッパ船を使用するようになった。

蒸気船の時代になると、イギリス船を中心として、世界中でヨーロッパ船が使用された。帝国主義時代とは、海運業から見れば、そのような時代であった。ヨーロッパ船のなかでは、いうまでもなくイギリス船の比率が圧倒的に高く、海上保険業の発展も、電信の敷設も、ロンドンの金融市場としての台頭も、こういう状況を考慮しなければ理解できない。

この時に誕生したシステムがもとになり、そこに過剰な金融社会が付け加えられることで、現在の格差社会が誕生したのである。そしてタックスヘイヴンの多くは、大英帝国に関係する地域である。また現在のタックスヘイヴンは、近世には密輸基地であったところが多かったと推測される。すなわち、近世のグローバリゼーションでは、密輸という形態で租税回避がなされていたのが、こんにちのグローバリゼーションでは、タックスヘイヴンを利用して租税回避がおこなわれているといえるのである。モノを密輸入して関税を避けるという形態から、インターネットを利用して税率の低い地域に送金するという形態での租税回避行動へと変化したのである。

筆者は、GAFAなどのIT関連企業のなかには、無形資産が過剰評価されている場合も多いのではないかという危惧を抱いている。無形資産の評価は非常に困難であり、明確な基準なしにおこなわれているのではないか。そもそも、明確化することができるのだろうか。適切な評価軸をもたない無形資産が企業の資産として著しく増大し、経済が不安定にならないかという心配は、だれしももつのではないだろうか。

消費社会、大衆消費社会を経験して、世界はだんだんと平等化していった。先進国の家庭では、多くの耐久消費財を購入することができ、ミドルクラスに属する人々が大きく増加し、社会は安定した。しかし、金融社会がそれを逆転させ、格差はいっこうに縮まらないどころか、拡大している。それは、現代社会の一つの病理とはいえないだろうか。

本書執筆に際しては、多くの方々の助言を賜った。そのなかでも、ここではとくに、無形資産の重要性に気づかせてくださった日本経済新聞社の中山淳史氏にお礼申し上げる。また、本書の作成に際してご尽力いただいた編集者の河内卓氏、そして本書の原稿のチェックをしてくださった若手研究者の方にも感謝したい。

二〇二一年一〇月　瓢箪山　ハレにて

玉木俊明

主要参考文献

外国語文献

Agénor, Pierre-Richard (2001). "Benefits and Costs of International Financial Integration: Theory and Facts", The World Bank Washington DC 20433.

Alstadsæter, Annette, Niels Johannesen, and Gabriel Zucman (2017). "Who owns the Wealth in Tax Havens?: Macro Evidence and Implications for Global Inequality", NBER Working Paper Series, Working Paper 23805.

— (2019). "Tax Evasion and Inequality", *American Economic Review*, 109 (6), 2073–2103.

Antill, Samuel, David Hou, and Asani Sarkar (2014). "Components of U.S. Financial-Sector Growth, 1950–2013", FRBNY Economic Policy Review / December 2014, 59–83.

Assa, Jacob (2012). "Financialization and its Consequences: The OECD Experience", *Finance Research*, 1 (1), 35–39.

— (2015). "Financial Output as Economic Input: Resolving the Inconsistent Treatment of Financial Services in the National Accounts", February 2015, Working Paper 01/2015, Department of Economics, The New School for Social Research.

— (2018a). "Finance, Social Value, and the Rhetoric of GDP", *Finance and Society*, 1–15.

— (2018b). "Great Moderation or Financialization of Volatility? An Integrated Macroeconomic Approach", Conference: 22nd FMM Conference 10 Tears after the Crash: What have We Learned? at: Berlin.

— (2019). "Gross Domestic Power: A History of GDP as Numerical Rhetoric", Project: National Accounting.

Aubry, Manon and Thomas Dauphin (2017). "Opening the Vaults: The Use of Tax Havens by Europe's Biggest Banks", Oxfam International.

Augelli, John P. (1956). "The British Virgin Islands: A West Indian Anomaly", *Geographical Review*, 46 (1), 43–58.

Bean, Elise J. (2018). *Financial Exposure: Carl Levin's Senate Investigations into Finance and Tax Abuse*, New York.

Bennedsen, Morten and Stefan Zeume (2015). "Corporate Tax Havens and Shareholder Value", *Proceedings. Annual Conference on Taxation and Minutes of the Annual Meeting of the National Tax Association*, (108), 108th Annual Conference on Taxation, 1–62.

Borgo, Mariela Dal, Peter Goodridge, Jonathan Haskel and Annarosa Pesole (2012). "Productivity and Growth in UK Industries: An Intangible Investment Approach", The University Warwick, Working Paper Series.

Broadberry, Stephen and Bishnupriya Gupta (2005). "Cotton Textiles and the Great Divergence: Lancashire, India and Shifting Competitive Advantage, 1600–1850", Centre for Economic Policy Research, Discussion Paper No. 5183.

Bulmer-Thomas, Victor (2012). *The Economic History of the Caribbean since the Napoleonic Wars*, Cambridge.

Burgess, Stephen (2011). "Measuring Financial Sector Output and its Contribution to UK GDP", *Bank of England Quarterly Bulletin, Bank of England*, 51 (3), 234–246.

Casey, Terrence (2011). "'Financialization' and the Future of Neoliberal Growth Model", Paper presented at the Political Studies Association Annual Conference April 2011.

Christophers, Brett (2011). "Making Finance Productive", *Economy and Society*, 40 (1), 112–140.

Davis, Ralph (1979). *The Industrial Revolution and British Overseas Trade*, Leicester.

Dermigny, Louis (1964). *La Chine et l'Occident: le commerce à Canton au XVIIIe siècle: 1719–1833*, T. 2.Paris.

Dharmapala, Dhammika (2020). "Do Multinational Firms use Tax Havens to the Detriment of Other Countries?", CESifo Working Paper, No, 8275.

Dos Santos, Paulo L. (2009). "On the Content of Banking in Contemporary Capitalism", *Historical Materialism*, 17 (2), 180–213.

European Commission - Press Release (2015). "Commission Decides Selective Tax Advantages for Fiat in Luxembourg and Starbucks in the Netherlands are Illegal under EU State Aid Rules, Brussels", 21 October 2015.

Fasianos, Apostolos, Diego Guevara and Christos Pierros (2016). "Have We Been Here Before? Phases of Financialization within the 20th Century in the United States", Levy Economics Institute of Bard College, Working Paper No. 869.

Financial Secrecy Index (2020a). "Narrative Report on British Virgin Islands".

Financial Secrecy Index (2020b). "Narrative Report on Ireland".

Financial Secrecy Index (2020c). "Narrative Report on Luxembourg".

Foroohar, Rana (2016). *Makers and Takers: How Wall Street Destroyed Main Street*, Redfern.

Gibson, Carrie (2014). *Empire's Crossroads: A History of the Caribbean from Columbus to the Present Day*, New York.

Godechot, Olivier (2015). "Financialization is Marketization: A Study on the Respective Impact of Various Dimensions of Financialization on the Increase in Global Inequality", Max Po Discussion Paper 15/3.

Hall, Stuart (2011). "The Neoliberal Revolution", *Cultural Studies*, 25 (4), 705–728.

Harrigan, Norwell E. (1971). "A Profile of Social Development in the British Virgin Islands", *Caribbean Studies*, 10 (4), 75–92.

Helleiner, Eric (1994). *States and the Reemergence of Global Finance: From Bretton Woods to the 1990s*, Ithaca.

Hines Jr., James R. (2010). "Treasure Islands", *The Journal of Economic Perspectives*, 24 (4), 103–125

Hira, Anil, Norbert Gaillard, and Cohn, Theodore (2019). *The Failure of Financial Regulation: Why a Major Crisis Could Happen Again*, New York.

Jonesa, Chris, Yama Temouria and Alex Cobhamb (2017). "Tax Haven Networks and the Role of the Big 4 Accountancy Firms", *Journal of World Business*, 53 (2), 177–193.

Kus, Basak (2012). "Financialisation and Income Inequality in OECD Nations: 1995–2007", *The Economic and Social Review*, 43 (4), 477–495.

Kuznets, Simon (1955). "Economic Growth and Income Inequality", *The American Economic Review*, 45 (1), 1–28.

Lakner, Christoph and Branko Milanovic (2013). "Global Income Distribution: From the Fall of the Berlin Wall to the Great Recession", The World Bank Development Research Group Poverty and Inequality Team December 2013, Policy Research Working Paper 6719.

Leonard, Adrian and D. Pretel (eds.). (2015). *The Caribbean and the Atlantic World Economy: Circuits of trade, money and knowledge, 1650–1914*, Cambridge.

Marshall, Don D. (2007). "The New International Financial Architecture and Caribbean OFCs: Confronting Financial Stability Discourse", *Third World Quarterly*, 28 (5), 917–938.

Milanovic, Branko (2016). *Global Inequality: A New Approach for the Age of Globalization*, Cambridge Mass.

Murmann, Johann Peter (2002). "Chemical Industries after 1850", *Oxford Encyclopedia of Economic History*, 398–406.

Muskett, Paul (1997). "English smuggling in the eighteenth century", Ph D Thesis, Open University.

Norfield, Tony (2017). *The City: London and the Global Power of Finance*, New York.

Novokmet, Filip, Thomas Piketty and Gabriel Zucman (2017). "From Soviets to Oligarchs: Inequality and Property in Russia, 1905–2016", NBER Working Paper Series, Working Paper 23712.

Oren, Tami and Mark Blyth (2018). "From Big Bang to Big Crash: The Early Origins of the UK's Finance-led Growth Model and the Persistence of Bad Policy Ideas", *New Political Economy*, 24 (5), 1–18.

Otto, Farny, Franz Michael, Gerhartinger Philipp, Lunzer Gertraud, Neuwirth Martina and Saringer Martin (2015). "Tax Avoidance, Tax Evasion and Tax Havens", Medieninhaber: Kammer für Arbeiter und Angestellte für Wien,Prinz Eugen Straße, 20–22.

Palan, Ronen (2002). "Tax Havens and the Commercialization of State Sovereignty", *International Organization*, 56 (1) 5, 151–176.

—, Richard Murphy and Christian Chavagneux (2013). *Tax Havens: How Globalization Really Works*, Ithaca.

Pickering, Vernon W. (1983). *Early History of the British Virgin Islands: From Columbus to Emancipation*, London.

Piketty, Thomas and Gabriel Zucman (2014). "Capital is Back: Wealth-Income Ratios in Rich Countries 1700–2010", *The Quarterly Journal of Economics*, 129 (3), 1255–1310.

Pires, Armando Jose Garcia (2013). "The Business Model of The British Virgin Islands and Panama", Arbeidsnotat Working Paper No 31/13.

Pourchasse, Pierrick (2013). "Breton Linen, Indian Textiles, American Sugar : Brittany and the Globalization of Trade in the 18th Century",『京都産業大学　世界問題研究所紀要』28, 159–169.

Popov, Alexander (2017). "Evidence on Finance and Economic Growth", European Central Bank Eurosystem, Working Paper Series, No.2917.

Rawlings, Gregory (2017). "Shifting Profits and Hidden Accounts: Regulating Tax Havens", in Peter Drohos (ed.). *Regulatory Theory: Foundations and Applications*, Canberra, 653–674.

Riello, Giorgio (2015). *Cotton: The Fabric that Made the Modern World*, Camnbridge.

Roberts, Susan M. (1995). "Small Place, Big Money: The Cayman Islands and the International Financial System", *Economic Geography*, 71 (3), 237–256.

Saez, Emmanuel and Gabriel Zucman (2016). "Wealth Inequality in the United States since 1913: Evidence from Capitalized Income Tax Data", *The Quarterly Journal of Economics*, 131 (2), 519–578.

Schwarz, Peter (2009). "Tax-Avoidance Strategies of American Multinationals: An Empirical Analysis", *Managerial and Decision Economics*, 30 (8), 539–549.

Shaxson, Nicholas (2019). *The Finance Curse: How Global Finance is Making Us all Poorer*, New York.

Shinnick, Edward (2013). "The Rise & Fall of the Irish Celtic Tiger: Why Fiscal Policy Matters", *Budgetary Research Review*, 5 (1), 54–63.

Stephen Burgess of the Bank's Conjunctural Assessment and Projections Division, "Measuring financial sector output and its con-

tribution to UK GDP", *Quarterly Bulletin* 2011 Q3.

Tax Justice Network (2020). "The Axis of Tax Avoidance: Time for the EU to Close Europe's Tax Havens", Published 28 April 2020.

Tørsløv, Thomas R., Ludvig S. Wier and Gabriel Zucman (2020). "The Missing Profits of Nations", NBER Working Paper Series, Working Paper 24701.

Trentmann, Frank (2009). "The Long History of Contemporary Consumer Society Chronologies, Practices, and Politics in Modern Europe", *Archiv für Sozialgeschichte*, 49, 107–128.

— (2016). *Empire of Things: How We Became a World of Consumers, from the 15th Century to the 21st*, London.

Vahrenkamp, Richard (2010). "Driving Globalization: The Rise of Logistics in Europe 1950 – 2000", *European Transport / Trasporti Europei*, (45), 1–14.

Wegs, J. Robert and Robert Ladrech (2006). *Europe Since 1945: A Concise History*, London and New York.

Zucman, Gabriel (2013). "The Missing Wealth of Nations: Are Europe and The U.S. Net Debtors or Net Creditors", *The Quarterly Journal of Economics*, 128 (3), 1321–1364.

— (2014). "Taxing across Borders: Tracking Personal Wealth and Corporate Profits", *Journal of Economic Perspectives*, 28 (4), 121–148.

— (2019). "Global Wealth Inequality", *Annual Review of Economics*, 11, 109–138.

日本語文献

池田香代子（2017）.『世界がもし100人の村だったら　お金篇　たった１人の大金持ちと50人の貧しい村人たち』C・ダグラス・ラミス訳，マガジンハウス社.

猪木武徳（2013）.『日本の近代７　経済成長の果実　1955～

1972』中公文庫.
岡本至（2005）.「金融ビッグバンはなぜ失敗したのか――官僚主導改革と政治家の介入」『社会科学研究』56-2, 109-139.
川北稔（1983）.『工業化の歴史的前提――帝国とジェントルマン』岩波書店.
香西泰（2001）.『高度成長の時代――現代日本経済史ノート』日経ビジネス人文庫.
合田寛（2016）.『これでわかるタックスヘイブン――巨大企業・富裕者の＜税金逃れ＞をやめさせろ！』合同出版.
近藤真（1996）.「ニュージーランド「行政革命」研究序説」『岐阜大学地域科学部研究報告書』1.
齋藤浩史（2020）.『GAFAの決算書――超エリート企業の利益構造とビジネスモデルがつかめる』かんき出版.
志賀櫻（2013）.『タックス・ヘイブン――逃げていく税金』岩波新書.
鈴木俊子（1979）.『誰も書かなかったソ連』文春文庫.
玉木俊明（2012）.『近代ヨーロッパの形成――商人と国家の近代世界システム』創元社.
―（2014）.『海洋帝国興隆史――ヨーロッパ・海・近代世界システム』講談社選書メチエ.
―（2015）.『ヨーロッパ覇権史』ちくま新書.
―（2016）.『〈情報〉帝国の興亡――ソフトパワーの500年史』講談社現代新書.
―（2018a）.『逆転の世界史――覇権争奪の5000年』日本経済新聞出版社.
―（2018b）.『ヨーロッパ　繁栄の19世紀史――消費社会・植民地・グローバリゼーション』ちくま新書.
―（2018c）.『拡大するヨーロッパ世界　1415～1914』知泉書館.
―（2019）.『逆転のイギリス史　衰退しない国家』日本経済新聞出版社.

中川辰洋（1992）.「フランスの金融構造と金融改革——金融の証券化、国際化、総合化をめぐって」『三田学会雑誌』84(4), 818-837.
松井透（2021）.『世界市場の形成』ちくま学芸文庫.
森信茂樹（2015）.『税で日本はよみがえる——成長力を高める改革』日本経済新聞出版社.
—（2019）.『デジタル経済と税——AI時代の富をめぐる攻防』日本経済新聞出版社.
横田増生（2019）.『潜入ルポ　amazon帝国』小学館.
吉川洋（2012）.『高度成長』中公文庫.
和田一夫（2009）.『ものづくりの寓話——フォードからトヨタへ』名古屋大学出版会.
アッサ、ヤコブ（2020）.『過剰な金融社会——GDPの計算は正しいのか』玉木俊明訳、知泉書館.
ヴェブレン，ソースタイン（2016）.『有閑階級の理論[新版]』村井章子訳、ちくま学芸文庫.
ウォーラーステイン，I.（1997）.『新版　史的システムとしての資本主義』川北稔訳、岩波書店.
オーバーマイヤー，バスティアン、フレデリック・オーバーマイヤー（2016）.『パナマ文書』、姫田多佳子訳、KADOKAWA／角川書店.
オルドクロフト，D. H.（2002）.『20世紀のヨーロッパ経済——1914～2000年』玉木俊明・塩谷昌史訳、晃洋書房.
サエズ，エマニュエル・ガブリエル・ズックマン（2020）.『つくられた格差——不公平税制が生んだ所得の不平等』山田美明訳、光文社.
シャクソン，ニコラス（2012）.『タックスヘイブンの闇——世界の富は盗まれている！』藤井清美訳、朝日新聞出版.
ズックマン，ガブリエル（2015）.『失われた国家の富——タックス・ヘイブンの経済学』渡辺智之・林昌宏訳、NTT出版.

ストーン，ブラッド（2014）.『ジェフ・ベゾス 果てなき野望』井口耕二訳，日経 BP.

スローン，アルフレッド・P・Jr.（2003）.『GM とともに』有賀裕子訳、ダイヤモンド社.

ゾンバルト，ヴェルナー（2000）.『恋愛と贅沢と資本主義』金森誠也訳，講談社学術文庫.

テミン，ピーター（2020）.『なぜ中間層は没落したのか――アメリカ二重経済のジレンマ』猪木武徳・栗林寛幸訳、慶應義塾大学出版会.

ハイエク，フリードリヒ著（2016）.『隷従への道』村井章子訳、日経 BP.

ハインドマン，マシュー（2020）.『デジタルエコノミーの罠』山形浩生訳、NTT 出版.

ハスケル，ジョナサン／スティアン・ウェストレイク（2020）.『無形資産が経済を支配する――資本のない資本主義の正体』山形浩生訳、東洋経済新報社.

ピケティ，トマ（2014）.『21世紀の資本』山形浩生・守岡桜・森本正史訳，みすず書房.

フリードマン，ミルトン（2008）.『資本主義と自由』村井章子訳、日経 BP.

ブリニョルフソン，エリック（2004）.『インタンジブル・アセット――「IT 投資と生産性」相関の原理』CSK 訳編、ダイヤモンド社.

ミュラー，レオス（2006）.『近世スウェーデンの貿易と商人』玉木俊明・根本聡・入江幸二訳、嵯峨野書院.

リグリィ，E・A.（1991）.『エネルギーと産業革命――連続性・偶然・変化』近藤正臣訳、同文館出版.

インターネット資料

my Auto world https://myautoworld.com/ford/history/ford-t/

ford-t.html
https://www.gispri.or.jp/newsletter/199709-3
https://www.globalmacroresearch.org/jp/archives/5118
https://konosuke-matsushita.com/episodes/idea/no1.php
https://unwto-ap.org/wp-content/uploads/2019/01/Tourism-HL-2018.pdf
https://www.maff.go.jp/j/pr/aff/1611/spe1_01.html
https://www.fsa.go.jp/p_mof/big-bang/bb1.htm
https://www.macrotrends.net/stocks/charts/AAPL/apple/number-of-employees

ちくま新書
1610

金融化《きんゆうか》の世界史《せかいし》
――大衆消費社会《たいしゅうしょうひしゃかい》からGAFAの時代《じだい》へ

二〇二一年一一月一〇日　第一刷発行

著者　玉木俊明（たまき・としあき）

発行者　喜入冬子

発行所　株式会社 筑摩書房
東京都台東区蔵前二-五-三　郵便番号一一一-八七五五
電話番号〇三-五六八七-二六〇一（代表）

装幀者　間村俊一

印刷・製本　三松堂印刷 株式会社

ISBN978-4-480-07439-3 C0220

1498 香港と日本
——記憶・表象・アイデンティティ
銭俊華
二〇一九年から続くデモ、中国大陸の同化政策、日本のサブカルチャーの受容や大日本帝国の記憶……香港出身の研究者が香港の現在と「日本」を考察する。

1520 水都　東京
——地形と歴史で読みとく下町・山の手・郊外
陣内秀信
隅田川が流れる下町から、凸凹地形が魅力的な山の手、さらに古代の記憶が随所にみられる郊外まで、川、海、濠、湧水などに着目して、水の都市・東京を描き出す。

1521 ルポ 入管
——絶望の外国人収容施設
平野雄吾
「お前らを日本から追い出すために入管（ここ）があるんだ」。密室で繰り広げられる暴行、監禁、医療放置——。巨大化する国家組織の知られざる実態。

1528 レイシズムとは何か
梁英聖
「日本に人種差別はあるのか」。実は、この疑問自体が差別を生み出しているのだ。「人種」を表面化させず、差別を扇動し、社会を腐敗させるその構造に迫る。

1530 メディア論の名著30
佐藤卓己
広く知られる古典から「読まれざる名著」まで、メディア研究の第一人者ならではの視点で解説。ウェブ時代にあってメディア論を深く知りたい人にとり最適の書！

1535 ヴェーバー入門
——理解社会学の射程
中野敏男
他者の行為の動機を理解し、そこから人間や社会を考える。これがヴェーバー思想の核心だ。主要著作を丹念に読み解き、一貫した論理を導き出す画期的入門書。

1540 飯舘村からの挑戦
——自然との共生をめざして
田尾陽一
コロナ禍の今こそ、自然と共生する暮らしが必要だ。福島県飯舘村の農民と協働し、ボランティアと研究者を結集してふくしま再生の活動をしてきた著者の活動記録。

ちくま新書

002 経済学を学ぶ　岩田規久男
交換と市場、需要と供給などミクロ経済学の基本問題から財政金融政策などマクロ経済学の基礎までを、現実の経済問題に即した豊富な事例で説く明快な入門書。

336 高校生のための経済学入門　小塩隆士
日本の高校では経済学をきちんと教えていないようだ。本書では、実践の場面で生かせる経済学の考え方をわかりやすく解説する。お父さんにもピッタリの再入門書。

1276 経済学講義　飯田泰之
ミクロ経済学、マクロ経済学、計量経済学の主要3分野をざっくり学べるガイドブック。体系を理解して、大学で教わる経済学のエッセンスをつかみとろう！

831 現代の金融入門【新版】　池尾和人
情報とは何か。信用はいかに創り出されるのか。金融の本質に鋭く切り込みつつ、平明かつ簡潔に解説した定評ある入門書。金融危機の経験を総括した全面改訂版。

837 入門　経済学の歴史　根井雅弘
偉大な経済学者たちは時代の課題とどう向き合い、それぞれの理論を構築したのか。主要テーマ別に学説史を描くことで読者の有機的な理解を促進する決定版テキスト。

1032 マーケットデザイン　——最先端の実用的な経済学　坂井豊貴
腎臓移植、就活でのマッチング、婚活パーティー!? お金で解決できないこれらの問題を解消する画期的な思考を解説する。経済学が苦手な人でも読む価値あり！

1593 日本金融百年史　横山和輝
関東大震災、金融恐慌、戦時下経済から戦後復興、高度成長、バブル、失われた30年へ。歴史に学ぶことはなぜ難しいのか？ 株式市場、金融・経済の歴史を追う。

1147 ヨーロッパ覇権史

玉木俊明

オランダ、ポルトガル、イギリスなど近代ヨーロッパ諸国の台頭は、世界を一変させた。本書は、軍事革命、大西洋貿易、アジア進出など、その拡大の歴史を追う。

1335 ヨーロッパ 繁栄の19世紀史
——消費社会・植民地・グローバリゼーション

玉木俊明

第一次世界大戦前のヨーロッパは、イギリスを中心に空前の繁栄を誇っていた。奴隷制、産業革命、蒸気船や電信の発達……その栄華の裏にあるメカニズムに迫る。

1543 駒形丸事件
——インド太平洋世界とイギリス帝国

秋田茂
細川道久

一九一四年にアジア太平洋で起きた悲劇「駒形丸事件」。あまり知られていないこの事件を通して、ミクロな地域史からグローバルな世界史までを総合的に展望する。

1260 金融史がわかれば世界がわかる【新版】
——「金融力」とは何か

倉都康行

金融取引の相関を網羅的かつ歴史的にとらえ、資本主義がどのように発展してきたかを観察。旧版を大幅に改訂し、実務的な視点から今後の国際金融を展望する。

1504 アフリカ経済の真実
——資源開発と紛争の論理

吉田敦

豊富な資源があっても、大規模開発があっても、人々は貧しいまま。それはなぜなのか？　日本では知られていないアフリカ諸国の現状を解説し、背景を分析する。

1538 貿易の世界史
——大航海時代から「一帯一路」まで

福田邦夫

国であれ企業であれ、貿易の主導権を握ったものが世界を動かしてきた。貿易の始まった大航海時代までさかのぼり、グローバル経済における覇権争いの歴史を描く。

1524 スーパーリッチ
——世界を支配する新勢力

太田康夫

上位1％のビリオネアが富の50％を支配し、コロナ禍でさらに格差が広がっている。知られざる富裕層の素顔と動向を明らかにし、行き過ぎた格差社会の行方を占う。